10대를 위한

직장의
세계

스토리텔링연구소 지음

3 공항

(주) 삼양미디어

"인간은 사회적 동물이다"라는 말을 한 사람이 아리스토텔레스(Aristoteles)라고 흔히 알고 있지만, 아리스토텔레스는 "인간은 정치적 동물(zoon politikon)이다"라고 말했습니다. 그러나 이 말 역시 결국 인간이 사회의 자식이며, 사회 공동체의 형성자라는 것을 뜻합니다.

사회적 동물(social animal)이란 인간이 개인으로서 존재하고 있어도 세상에 오직 혼자만 존재하는 것이 아니라, 끊임없이 타인과의 관계 속에 존재하고 있다는 생각에서 나온 용어입니다. 즉, 개인은 사회 없이는 존재할 수 없다는 것입니다.

앞서 만든 〈10대를 위한 직업의 세계 시리즈〉는 다양한 진로, 진학, 적성, 취향 검사 방법 중에서도 세계적으로 가장 큰 공신력을 가지고 있고 한국에서도 가장 많은 검사 장소(온·오프라인)를 보유하고 있는 홀랜드 기법의 권위와 보편성에 바탕을 두고 기획하고 집필·개발하였습니다.

홀랜드 기법을 통해 보편성에 내 적성을 맞춰보고, 또 오랫동안 살아남은 직업을 들여다보면서 내 진로를 택하는 것에는 큰 무리가 없습니다. 그러나 직업이란 것이 앞서 말한 것처럼 개별적으로 존재하는 가치나 독단적 행위나 방법이 아니라, 집단과 개인, 조직과 개인, 사회와 개인, 더 나아가서는 국가와 개인의 결합 구조를 가지고 있다는 점을 들여다봐야 합니다. 이 말은 내가 어떤 직업을 가지고 있다는 것은 유사한 직업의 또 다른 개인, 관련성 있는 직업의 또 다른 개인과 상호 접촉하는 교집합의 세계를 공유하고 있다는 말입니다.

　결국 직업이란 경제적 목적과 자아 실현을 이루기 위해서 개인과 개인, 개인과 집단이 교집합을 이루고 상호 유기적으로 움직이는 사회생활의 방식입니다. 그래서 우리는 흔히 자신의 직업을 말할 때 "무슨 일을 한다"라고 말하기도 하지만, "어디에서 일한다"라고 말하기도 하는 것입니다.

　하지만 지난 20년간의 청소년 진로 관련 책자 어디에서도 '어디에서 일한다'는 것을 근거로 책을 출간한 경우는 없었습니다. 해당 분야, 관련 분야, 대학의 학과 및 계열에 따른 분류가 있었지만, 어디에서 일한다는 직장을 근거로 한 책은 찾을 수 없었습니다.

　〈직장의 세계〉는 여기에 방점을 두었습니다.

　우리가 학교를 졸업하고 사회생활을 위해서 택하는 것은 직업이지만, 그 직업이 살아 움직이는 공간은 결국 직장입니다. 과거의 모든 직업과 진로 관련 책은 단지 어떤 나무가 되는 법에 대한 것만을 들여다보았지, 숲에서 한 그루의 나무로 살아가는 법을 알려주지는 못했습니다.

　최근 인문학의 새로운 붐은 바로 이런 인간과 인간의 이해와 관계 설정에 대한 부족함과, 사회생활에서 만나는 개인과 집단의 불편함을 해결하려는 자연 발생적 기현상이라고 보아도 좋을 것입니다.

　전작인 〈10대를 위한 직업의 세계〉가 결국 개인의 직업(業)이 가진 깊이에 대한 논의였다면, 이번에 제안하는 〈10대를 위한 직장의 세계〉는 그런 다양한 직업이 함께 어울려 살아가야 하는 넓이와 그물망 같은 연결의 시냅스, 곧 장(場)의 이해를 돕는 책이 될 것입니다.

－ 스토리텔링연구소 〈이야기는 힘이 세다〉

차 • 례

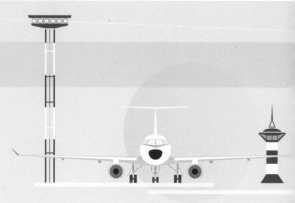

차 · 례

V 어떤 직업을 가진 사람들이 공항과 연결되어 있을까?

우리나라의 '공항' 하면 규모 면에서 국제 공항인 인천국제공항이 떠오른다. 세계 여러 나라에서 날아온 비행기들과 국제 공항을 통해 새로운 곳으로 우리를 실어 다 줄 멋진 여행도 그려진다.

이러한 공항과 항공 관련 산업 분야에는 어떤 직업들이 있을까? 우리가 미처 모르는 공항 산업에 대한 기초지식을 닦으면 그곳에서 일하는 사람들이 보인다.

Company

Airport

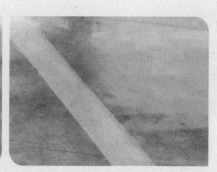

I
공항
산업 이야기

Airport

01
공항 이야기

1. 공항이란?

공항이란 비행기가 뜨고 내릴 수 있는 시설이 있는 장소를 말한다. 공항은 비행기가 뜨고 내리는 데 적합한 넓고 평탄한 지역에 위치해야 하고, 비행기의 이착륙 시 발생하는 소음 등의 문제 때문에 대부분 도심에서 멀리 떨어진 곳에 자리해 있다.

공항이 갖춰야 할 시설로는 비행기가 안전하게 뜨고 내릴 수 있도록 하는 데 필요한 활주로, 착륙대, 유도로, 주기장, 비행장 표지시설, 이착륙 보조 항법시설, 기상 및 관제시설 등이 있다. 그 밖에 비행기를 정비하고 수리하고 점검하는 격납고, 기름을 넣는 급유시설, 소방시설, 구급시설 등이 있다. 그리고 여객의 탑승, 통과 등을 다루는 시설과 여객 안내 시설, 경비 보안 시설 등이 갖추어져 있다. 부수적으로 필요한 시설로는 여객과 환승객, 견학자 또는 공항 근무자를 위한 숙박시설, 식당, 은행, 우체국, 매점 및 버스나 택시 등 교통수단을 위한 주차장 등이 있다.

2. 국제공항이란?

공항 중에서 다른 나라로 오가는 항공기가 이착륙하는 것을 관리하는 비행장을 국제공항이라고 한다. 국제공항은 공항의 기본적인 시설 외에도 출입국 관리의 3대 업무인 CIQ(Customs 세관, Immigration 출입국 관리, Quarantine 검역)를 위한 시설과 기능을 추가해야 한다.

현재 우리나라의 국제공항은 인천, 김포, 청주, 대구, 김해, 제주, 양양, 무안에 있다. 특히 인천국제공항은 동북아시아의 중심 공항의 역할을 하고 있다.

앞서 말한 것처럼 국제공항이라는 명칭을 부여받기 위해서는 세관, 출입국 관리 및 검역을 의미하는 CIQ 시설을 반드시 갖추어야 한다. 국제선 항공기가 이착륙하더라도 관계 법령에 의한 개항공항(국제공항)이 아닌 경우 원칙적으로 정기 취항을 할 수 없으며, 이 경우 특별기 운항 허가를 통해서만 운항할 수 있다.

김포국제공항은 2001년 3월 인천국제공항이 개항하면서 국내선 전용공항이 되었다. 그 후 국제선 예비기능을 확보하기 위하여 국제공항 기능(중국, 대만, 일본 등 단거리 노선 취항)을 유지하고 있다. 김포국제공항은 국제항공 화물처리를 계속하고 있어 관세법 등에 의한 세관이 설치된 국제선 개항공항이다. 따라서 정식 명칭은 '김포국제공항'이며 영문표기도 'Gimpo International Airport'이다. 대구 공항도 2001년 5월 17일 국제선 신청사가 준공됨에 따라 '대구 국제공항'으로 명칭이 바뀌었다.

3. 우리나라 공항의 종류

현재 우리나라의 공항은 15개이며, 이 중 군비행장을 이용하는 공항은 8개이다. 정부는 2021년까지 경북 울릉군과 전남 신안군 흑산도에 소형 공항을 건설할 예정이며, 2025년까지 제주 서귀포에 신공항을 세울 계획이다.

구분	공항
민간 전용 공항	인천, 김포, 제주, 울산, 여수, 양양, 무안
민·군 공동 사용 공항	김해, 대구, 광주, 청주, 사천, 원주(공군), 포항, 군산(미군)
국제공항	인천, 김포, 제주, 김해, 청주, 대구, 양양, 무안
비행 훈련원	울진

Airport

02

공항 및 항공 종사자

1. 자격증 발급으로 본 항공 종사자 현황

공항 관련 산업과 그 직업 세계를 이해하기 위해서
종사자들의 현황을 살펴보면 이해하기가 쉬울 것
이다. 공항에는 수많은 직업군이 존재하며,
많은 사람들이 이들 직업군에 종사하며 생
활하고 있다.

그럼 항공 종사자 자격증 발급 현황을
토대로 공항의 직업군을 살펴보자.

먼저 운송용, 사업자용, 자가용 조종사들이 꾸준히 늘고 있는 것을 알 수 있다. 이와 함께 비행기의 유지보수에 꼭 필요한 항공 정비사, 항공교통 관제사, 운항 관리사의 자격증 발급도 늘고 있어 항공 관련 직업의 폭이 넓어지고 있음을 알 수 있다.

연도	조종사			항공 정비사	항공교통 관제사	운항 관리사
	운송용	사업용	자가용			
2010	261	307	364	516	46	58
2011	264	379	380	388	89	59
2012	361	598	391	497	73	86
2013	270	783	431	615	79	63
2014	306	867	493	709	87	62

※ 출처: 항공정보포털시스템(2016)

2. 항공사별 항공 종사자 현황

국내 항공사에는 대한항공, 아시아나, 제주항공, 진에어, 에어부산, 이스타항공, 티웨이 등이 있다. 이들 업체의 항공 종사자들의 현황을 통해 항공사 종사자를 꿈꾸는 사람들은 업체별 규모를 파악할 수 있을 것이다.

구분		조종사		정비사	운항 관리사	객실 승무원
		운송용	사업용	항공		
KOREAN AIR	대한항공	1,878	838	2,305	169	6,164
아시아나항공	아시아나	941	465	1,356	113	3,804
JEJUair	제주항공	128	114	175	29	393
JINAIR	진에어	126	115	28	15	332
AIR BUSAN	에어부산	72	84	26	17	267
EASTAR JET	이스타항공	60	72	90	21	215
t'way	티웨이	67	49	86	17	191

※ 출처: 항공정보포털시스템(2016)

03

공항 산업의 성장

세계 각국의 주요 공항들은 항공기 지연과 승객의 혼잡문제 해소를 위해 공항 수용 능력 확대를 추진 중이다. 또한 대도시 주변 공항과 도심 간의 도로, 철도망 연결 체계를 발달시켜 공항 이용객들의 이동 편의성을 지속적으로 향상시키고 있다.

공항을 기반으로 한 경제활동이 늘어나면서 공항 복합도시 개발도 활성화되고 있다. 즉 여객과 환승객, 견학자 또는 공항 근무자를 위한 숙박시설, 식당, 은행, 쇼핑시설, 문화시설 등이 속속 들어서고 있어 복합도시로서의 기능이 기대된다.

우리나라는 저가 항공사들의 진입과 항공기 도입 증가 등에 따라 비행기를 통한 국내 여행이나 외국 여행이 많이 늘어났다. 외국인의 한국 방문도 꾸준히 증가하는 추세이다.

2016년부터 8개 항공사(대한항공, 아시아나, 제주항공, 진에어, 에어서울, 에어부산, 이스타항공, 티웨이항공) 외에 추가로 저비용 항공사와 울릉도, 흑산도 공항 취항을 위한 소형 항공사 신규 진입 등이 가능해졌다. 운송용 항공기는 2015년 299대에서 2018년~2025년 사이 약 130대 이상 새로 도입될 전망이다.

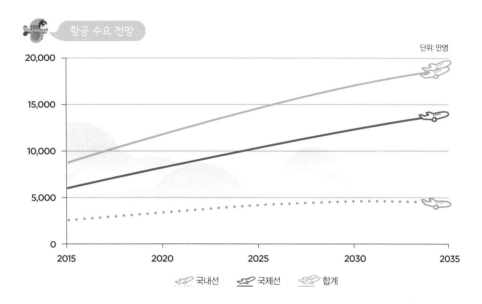

항공 수요 전망

단위: 만명

국내선   국제선   합계

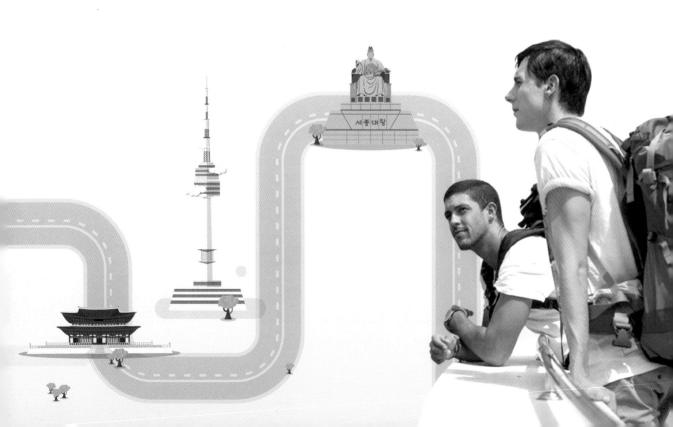

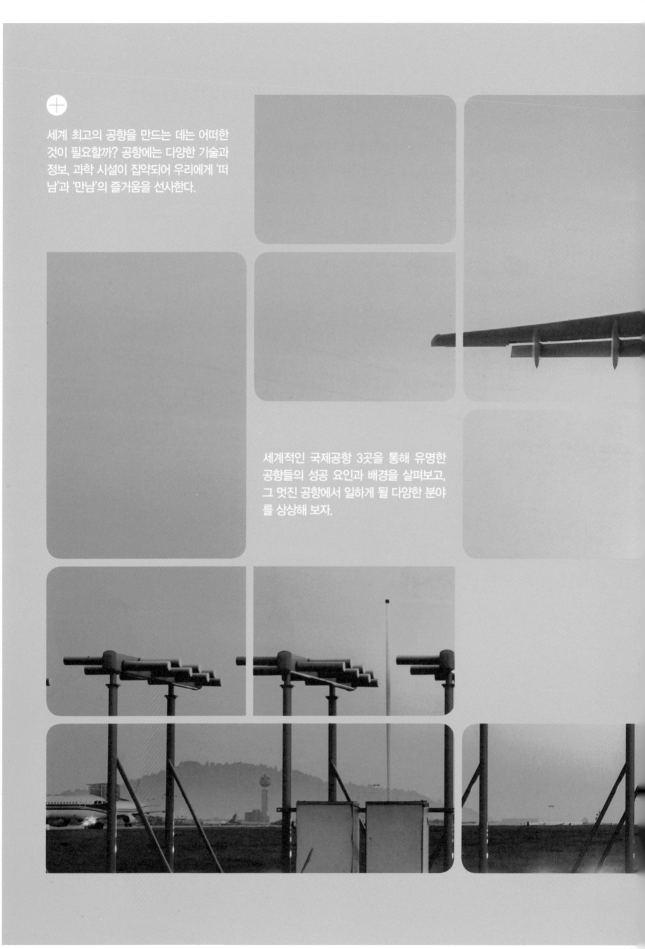

세계 최고의 공항을 만드는 데는 어떠한 것이 필요할까? 공항에는 다양한 기술과 정보, 과학 시설이 집약되어 우리에게 '떠남'과 '만남'의 즐거움을 선사한다.

세계적인 국제공항 3곳을 통해 유명한 공항들의 성공 요인과 배경을 살펴보고, 그 멋진 공항에서 일하게 될 다양한 분야를 상상해 보자.

Company

Airport

II
우리나라 및
세계의 이름난
공항을 찾아서

01

공항 서비스평가 1위, 인천국제공항

1. 인천국제공항의 성공 요인

인천국제공항은 2001년 3월에 개항하였다. 2017년 기준 12년 동안 ASQ(Airport Service Quality, 세계 공항 서비스 평가)에서 연속 1위를 차지하였다. 이 평가는 ACI(Airports Council International, 국제공항협의회)가 주관하는 세계 최고 권위의 공항 서비스평가로 '공항 분야의 노벨상'이라 부른다. 이 자리를 11년 연속으로 지킨 공항으로는 인천국제공항이 유일하다.

인천국제공항은 개항 4년 차인 2005년 ASQ 평가에서 1위에 올라선 이래 꾸준히 그 자리를 지켜내면서 대한민국 대표 명품 브랜드로서 당당히 자리매김했다. 2011년에는 ACI가 제정한 '명예의 전당' 프로그램에 최초로 '세계 최우수 공항'으로 등재되며 세계 공항의 서비스 수준을 한 차원 격상시킨 공로를 인정받기도 했다.

인천국제공항은 그동안 세계 공항 서비스평가 11년 연속 1위(2015년), 세계 국제화물 운송 2위(2012년), 세계 국제여객 운송 9위(2012년), 여객처리 3,800만 명, 화물처리 245만 톤, 매출액 1조 5,000억 원, 공항 종사자 수 35,000명(2013년), 환승객 수 690만 명(2013년), 취항 도시 수 176곳(2013년), 취항 항공사 수 87개(2013년) 등을 기록하였다. 이처럼 인천국제공항은 항공 운송실적의 증가뿐만 아니라 대한민국의 관문이자 수출의 최전선 기지로서 그 역할을 다하고 있다.

(1) 스마트한 운영으로 이룬 공항 선진화

인천국제공항은 공항운영 분야, 시설 유지보수 분야, 정보통신 분야 등 3개 분야에서 37개 기업과 아웃소싱(기업의 업무 중 제품의 생산, 유통, 포장, 판매 등을 외부 업체에 맡겨 처리하는 경영전략) 계약을 맺고 있다. 이들 협력업체에서 일하는 직원만 6,000여 명에 이른다. 터미널 운영, 교통관리, 환경미화, 경비보안 및 보안검색, 터미널 및 부대 건물 시설 유지보수, 공항건설 자료관리 및 정보통신 시스템 유지보수 등은 물론 공항 소방대와 조류 등 야생동물 퇴치를 위한 아웃소싱도 실시하고 있다.

인천국제공항의 아웃소싱은 규모 면이나 다양성, 그리고 성과 면에서 높은 실적을 기록하고 있으며, 운영능력 역시 국내 최고 수준이다. 인천국제공항이 세계 1위 공항을 유지할 수 있는 가장 큰 비결 중 하나로 아웃소싱의 성공적인 운영을 꼽는다.

인천국제공항에서 출입국 절차를 밟는 데 걸리는 평균 시간은 출국 18분, 입국 14분에 불과하다. 이것은 국제 민간 항공기구인 ICAO에서 권고 기준인 출국 60분, 입국 45분보다 훨씬 빠르다. 인천국제공항이 세계 최고 공항으로 평가받는 가장 큰 이유는 바로 세계에서 출입국 절차가 가장 빠른 공항이기 때문이다.

출입국에 걸리는 시간은 곧 공항의 선진화를 나타내는 척도이기도 하다. 고객이 공항의 서비스를 가장 직접 체감할 수 있는 부분이기 때문이다. 공항이라면 갖춰야 하는 가장 중요한 서비스 경쟁력 중 하나라고 할 수 있다. 기본에 충실함으로써 고객들의 출입국 서비스가 빨라졌고 이것은 곧 공항의 수익과 연결됐다. 출입국 심사를 빨리 마친 승객들이 쇼핑시설이나 문화시설 등에 머무는 시간이 길어졌기

때문이다.

그 결과 인천국제공항은 전 세계 공항 중 출입국이 가장 빠른 공항임과 동시에 1인당 면세점 매출액이 가장 높은 공항이 됐다. 공항 서비스가 뛰어나면서 수익도 높은 공항이 된 것이다. 눈에 드러난 큰 서비스보다 눈에 보이지 않는 작은 서비스 하나하나에 대한 개선이 전체 공항 서비스 개선에 큰 역할을 한 것이다.

(2) 서비스 상품의 다양화로 높은 수익 창출

인천국제공항은 2009년 항공노선 전문 컨설팅 회사인 루트 디벨로프먼트 그룹으로부터 '동북아 항공 마케팅 최우수 공항 상'을 수상했다. 이 상은 매년 대륙별로 항공 마케팅에서 뛰어난 실적과 혁신 사례를 발굴한 공항에 수여된다. 인천국제공항은 신규 항공사 유치 및 기존 취항 항공사와의 관계 형성, 신규노선 발굴 및 지역 내 신규수요 창출, 사용료 인하 및 인센티브 제공 등은 물론 다양한 환승 편의시설 설치와 환승 투어 운영을 포함한 종합적인 항공 마케팅에서 창의적이고 선도적인 활동을 펼친 것을 인정받았다.

북유럽 최대 항공사인 핀에어를 신규 유치하고, 오세아니아와 유럽을 연결하는 에어칼린 유치로 신 환승 루트인 '캥거루 노선'을 개척하는 등의 성과도 인정받았다. 서비스뿐만 아니라 공항운영과 항공 마케팅까지 국제적으로 역량을 인정받은 결과라고 할 수 있다.

2. 차별화된 마케팅과 뛰어난 인력

인천국제공항은 2007년 문화평론, 공연, 미술, 조각, 건축, 전시 등 문화예술 분야의 전문가로 구성된 인천국제공항 문화예술 자문위원회를 발족하고 인천국제공항에서만 만날 수 있는 독창적이고 다채로운 문화예술 콘텐츠에 대한 연구에 들어갔다. 현재 인천국제공항의 문화예술 콘텐츠는 체험, 공연, 전시의 세 가지 분야로 나누어 진행되고 있다.

체험은 주로 한국 전통문화를 외국인들에게 알리는 것을 목적으로 하고 있다. 이를 위해 한국문화재보호재단과 손을 잡고 부채, 한지, 매듭 등을 만들어보는 공예체험과 가야금, 단소를 연주해 보는 악기체험 등을 실시하고 있다. 공항에서 기다리는 시간을 즐겁게 해줄 수 있게 공연서비스를 마련한 것이다.

전시는 한국예술의 우수성을 알리는 데 중요한 역할을 하고 있다. 궁중 문화와 한글, 전통미술을 집중적으로 선보이며 우리 역사를 알릴 수 있는 한국문화박물관, 도자 공예와 전통 복식을 살펴볼 수 있는 한국전통공예전시관, 세계적인 아티스트 백남준의 미디어아트 전시, 사진과 전통가구, 전통옹기를 관람할 수 있는 입국장 '문화의 거리' 전시 등을 통해 단순한 볼거리 제공을 넘어 한국의 위상을 알림으로써 새로운 가치를 창출하고 있다.

인천국제공항은 문화예술 분야의 두드러진 활동을 인정받아 2009년 제10회 메세나 대상에서 창의상을 수상하기도 했다. 세계로 향하는 대한민국의 관문인 인천국제공항이 우리 고유의 문화를 외국인에게 효과적으로 알리며 살아 움직이는 문화예술을 실천하고 있음을 공식적으로 인정받은 것이다.

인천국제공항공사의 뛰어난 공항 운영능력의 기반에는 기업발전의 중심에 사람이 있어야 한다는 확고한 믿음을 바탕으로 한 인재경영이 자리하고 있다. 성공적으로 공항산업을 발전시켜 온 해외 공항들을 뛰어넘을 수 있는 핵심은 인재경영뿐이라는 믿음 때문에 가능했다.

O2
유럽을 대표하는 뮌헨 국제공항

뮌헨 국제공항은 공항 서비스 부문 유럽 최고를 자부한다. 지난 2014년과 2015년 스카이트랙스(Skytrax, 세계 최대의 공항과 항공사 서비스평가 사이트)에서 선정한 공항 순위 3위를 기록했기 때문이다.

1949년 소규모 지역공항에서 시작한 뮌헨 국제공항이 어떻게 유럽 대륙을 잇는 국제 허브공항으로 거듭날 수 있었는지 알아보자.

1. 뮌헨 국제공항의 성공 요인

뮌헨 국제공항의 성공 요인은 질적 측면 강화에 집중한 데서 찾을 수 있다. 뮌헨 국제공항의 서비스 가운데 가장 눈에 띄는 것은 탑승객 좌석 등급별 차별화이다. 뮌헨 국제공항에는 루프트한자항공사의 1등급 좌석 고객을 위한 출입국 전용 창구가 마련돼 있다. 1등급 승객은 길게 늘어선 공항 출입국 줄을 기다릴 필요 없이 면세구역으로 직행할 수 있다. 이 모든 것은 탑승객들의 경험을 토대로 개선했다.

　뮌헨 국제공항이 출발부터 화려했던 것은 아니다. 1949년 시작할 때는 전체 직원 134명의 소규모 지방공항에 불과했다. 뮌헨 국제공항이 이탈리아와 오스트리아를 잇는 허브 국제공항으로 거듭난 계기는 1990년대로 거슬러 올라간다. 1992년 프랑크푸르트 공항의 여객수용 능력이 포화상태에 이르면서 독일 내에선 대안 공항에 대한 수요가 커졌다. 더 많은 항공편을 띄우길 원했던 루프트한자항공사는 자금력이 부족한 뮌헨 국제공항공사에 지분투자를 제안했고, 양사가 4대 6의 합작으로 제2터미널을 계획했다. 뮌헨 국제공항은 정부와 기업이 지분합작 형식으로 개발한 세계 유일의 공항이다.

2. 글로벌 공항업계의 신흥강자

　뮌헨 국제공항을 이용하는 탑승객 숫자는 1992년 이후 최근까지 약 300% 증가했다. 뮌헨 국제공항은 매년 사상 최대매출을 갱신하고 있다. 2015년 매출은 전년도와 비교해 12억 5,000만 유로(약 1조 6,314억 원)가량 늘었다. 또한 2015년 한 해 뮌헨 국제공항을 이용한 사람은 총 4,100만 명으로 전년도보다 3.2%(130만 명) 늘었다. 이용객 수가 늘어난 데는 항공노선 확충이 한몫했다. 뮌헨 국제공항을 이용하는 항공사 숫자는 240곳에서 247곳으로 늘었고, 취항국도 70개국으로 전년 대비 두 곳이 늘었다.

　뮌헨 국제공항은 특히 항공화물 성장세가 두드러진다. 2015년 뮌헨 국제공항이 처리한 항공화물 수송량은 전년 대비 9% 증가한 33만 6,000톤으로 사상 최대치를 갱신했다. 이 같은 매출증대는 공항뿐만 아니라 지역사회에도 좋은 일이다. 뮌헨 국제공항은 법인세로만 지역에 35만 유로(약 4억 5,600만 원)를 납부했기 때문이다.

　뮌헨 국제공항은 2016년 새 터미널 개항으로 27개의 게이트를 추가로 확보하여 연간 3,600만 명의 탑승객을 터미널에서 비행기로 직접 연결할 수 있게 됐다. 이착륙 항공편이 게이트 숫자를 초과하면 비행기에 탑승하거나 내릴 때 버스로 이동해야 하지만 게이트 숫자가 늘어남으로써 이런 불편이 사라졌다. 또한 터미널 내부에 비행기 이착륙을 직접 볼 수 있는 라운지를 설치해 소파에 편안히 앉아 탑승 시간을 기다릴 수 있다.

03
동남아시아 최대의 공항, 창이 국제공항

Singapore

1. 창이 국제공항의 차별화된 서비스

싱가포르의 창이 국제공항은 동남아시아 최대의 교통 허브로 싱가포르 경제에서 중요한 역할을 하고 있다. 창이 국제공항은 1981년 싱가포르 중심부에서 동쪽으로 25km 떨어진 지점에 제1터미널이 완공되면서 공항의 역할을 시작했다. 이후 공항을 찾는 사람이 늘자 제2, 제3터미널까지 지어졌다.

2016년 영국의 항공 품질정보 웹사이트 스카이트랙스가 세계 최고 공항 10곳을 선정한 결과 창이 국제공항이 4년 연속 1위를 차지했으며, 2위는 인천국제공항이었다. 스카이트랙스는 세계 최고 공항 선정을 위해 약 106개 국가 550개 공항에서 1,300만 명을 대상으로 설문조사를 실시했다. 설문조사의 내용은 공항시설의 안락함, 화장실 위치, 공항 직원의 언어능력 등 30개의 세부항목으로 나뉘어 있었다. 스카이트랙스는 창이 국제공항이 아름다운 디자인, 효율적인 운영, 고급스러운 시설, 다양한 식당 및 쇼핑

시설 등 모든 면에서 완벽하다고 평가했다. 창이 국제공항은 미국 CNN에서 조사한 '10 of the World's Most Loved Airport'에서 2위를 차지할 정도로 인지도가 높은 공항이다.

창이 국제공항의 모토는 즐거움(Joy), 놀라움(Wonder), 기쁨(Delight)이다. 먼저 공항 이용객들에게 즐거움(Joy)을 선사하기 위해 빠른 수속절차를 지향하고, 하늘 철도(Sky train)를 통해 터미널 간의 편리한 이동을 가능케 했다. 제1터미널에는 테마 수영장이 갖추어져 있고, 터미널 1, 2, 3 모두 마사지, 미용 서비스를 제공하고 있다. 인터넷 스테이션에서는 무료로 인터넷을 사용할 수 있고, 공항 내에서 와이파이를 무료로 이용할 수 있다.

다음으로 이용객들에게 놀라움(Wonder)을 선사하기 위해 어린이들을 위한 실내 놀이시설이 준비되어 24시간 운영되고, 아이맥스급 시설을 갖춘 무료 영화관도 갖추고 있다. 그리고 게임기 Xbox360이나 Playstation3가 공항 내에 비치되어 있어 무료로 즐길 수 있다. 창이 국제공항에서 가장 유명한 것은 정원인데, 그중 나비 가든이 많은 사랑을 받고 있다.

마지막으로 이용객들에게 기쁨(Delight)을 주기 위해서 단정하게 차려입은 공항 직원들이 항시 대기하고 있으며, 면세점과 더불어 다양한 쇼핑품목을 갖추고 있다. 그 밖에 130가지 이상의 다양한 요리를 제공하는 음식점들이 있다. 무엇보다 매력적인 서비스는 무료 싱가포르 시티투어이다. 환승 대기시간이 5시간 이상 되는 승객을 대상으로 이루어지는 이 서비스를 이용하면 마리나베이샌즈 등 유명 관광지를 돌아볼 수 있다. 이처럼 창이 국제공항은 잘 갖추어진 편의시설에 질 높은 서비스, 그리고 다양한 콘텐츠를 지니고 있다.

창이 국제공항은 싱가포르 민간 항공청(CAAS, Civil Aviation Authority of Singapore)에서 운영하고 있다. 창이 국제공항의 특징 중 하나는 민간자본을 공항시설에 적극 참여시킬 뿐 아니라 운영까지도 민간에 이양하는 선진화된 공항운영을 추진하고 있다는 점이다. 현재 민간자본의 투자부문은 화물터미널, 지상조업시설, 기내식 센터 및 항공기 안전 검사시설 등이 포함되어 있다. 또한 싱가포르 정부는 창이 국제공항 주변 지역을 개발하여 산업 및 상업지역을 조성하였으며, 항공 관련 산업단지를 공항 내에 조성할 계획이다.

공항은 한 도시, 나아가 한 국가의 얼굴
이다. 방문객들이 가장 처음, 그리고 가
장 마지막에 머무는 곳이기 때문이다. 공
항들은 더 즐겁고, 쾌적하며, 편안한 경
험을 제공하기 위해 끊임없이 진화하고
있다.

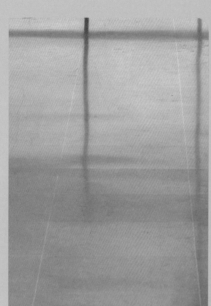

그리고 그 진화의 중심에는 과학기술이
자리하고 있다. 정보통신기술(ICT) 융합
의 시대를 맞이하여 과학기술이 바꿔놓
을 미래의 공항은 어떤 모습일까?

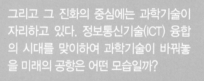

III

공항의
탄생과 성장,
변화와 미래

Airport

01
공항의 탄생과 성장

1. 초기의 소박한 공항들

　　항공기가 개발된 초기, 비행선으로 여객을 운송하거나 목재 비
행기로 우편물을 나르던 시대에는 공항의 중요성이 크지 않았다. 당
시에는 넓은 공간과 이착륙을 위한 평평한 바닥이 필요할 뿐이었다. 즉 이착륙에 필요한
최소한의 안전시설을 갖춘 비행장만이 존재할 뿐이었다. 하지만 상업적 비행이 시작되
면서 항공운송에 수반되는 시설을 갖춘 비행장으로서의 공항이 필요해졌다.

　　1911년에 개항한 샌프란시스코 공항은 전원식 활주로와 주차장, 목조로 된 사무실과
식당만을 갖추고 있었고, 비행장의 경계는 목재로 된 말뚝이 전부였다. 여객청사 역시
점심용 식당과 비행장 사무실이 함께 사용되는 목조건물이었으며, 비행장 직원은 15명
뿐이었다. 이처럼 초기의 공항들은 시대적인 여건과 항공여행에 대한 관심 저조 등으로
착륙과 이륙에 필요한 필수적인 시설만이 갖추어져 있었다.

2. 공항시설의 발달

시간이 흐르면서 항공기가 점차 새로운 교통수단으로서 사람들의 관심을 끌고, 항공 운송이 철도나 해상운송에서 하지 못하는 신속성을 담당하면서 세계 여러 나라에서는 항공 운송 산업에 적극 관심을 갖게 되었다. 그리하여 각국 정부는 항공사의 확보와 공항시설의 현대화, 공항의 관리 등 항공 산업을 적극적으로 지원하였고, 그 결과 항공운송 산업은 비약적인 발전을 이루었다. 이러한 발전은 기술혁신으로 이어져 제트 항공기의 출현을 가져왔고, 항공 운송의 고속화, 대형화가 가능해져 수송 분담률이 혁신적으로 올라갔다. 그 결과 항공기를 통한 이동 비용이 크게 낮아졌고, 사람들은 기차나 배보다 훨씬 빠른 항공기를 선택하는 경우가 많아졌다.

1970년대에 들어서면서 전 세계의 항공사가 운영하는 모든 항공기의 기종은 제트 추진에 의한 항공기로 완전히 교체되어 본격적인 제트 여객기 시대를 맞이하였다. 특히 B-747 점보기의 보급률이 많이 늘어나는 등 항공기가 점차 대형화되고 고속화됨으로써 대량 수송과 장거리 수송에 일대 혁신을 가져왔다. 그리하여 항공 여행의 대중화 시대, 지구촌화 시대를 열기에 이르렀다.

3. 미래 공항의 목표

현재 세계의 주요 공항들은 손님들을 끌기 위한 다양한 방법을 연구하고 있다. 그 중 각국 공항이 특별히 신경 쓰는 것 중 하나가 항공기 안전운항의 확보이다. 그리하여 항공기의 안전운항을 위한 첨단 시스템을 갖추고 있다. 더 나아가 극초음속 여객기 등 소음문제를 해결할 수 있는 새로운 모델의 공항도 등장할 것으로 기대된다.

하지만 미래의 공항이 추구하는 가장 큰 목표는 공항을 이용하는 여객들에게 더욱 편하고, 안전하고, 쾌적한 수준 높은 서비스를 제공하는 것이다. 그리하여 여객 편의시설의 고급화를 추구하고 있다.

이처럼 공항은 각 나라 문화의 관문이며 첨단 시설의 집합장이라 할 수 있다. 미래의 공항은 단순히 여객수송의 편의시설로서만이 아니라 공항의 집단화, 도시 기능화 등 그 기능과 역할이 더욱 확대될 것으로 보인다. 따라서 미래의 요구에 부응할 수 있는 공항은 항공도시화(AEROPOLIS) 개념을 도입한 제반 기능을 고루 갖춘 거대한 독립된 도시로 변화할 것으로 전망된다.

02
우리나라 공항의
탄생과 발전, 미래

우리나라의 공항은 1916년 여의도 공항을 시작으로 하여 1958년 대통령령으로 김포국제공항이 지정되면서 1971년 본격적으로 공항의 모습을 갖추기 시작하였다. 1980년대에 들어와 경제발전의 급성장과 국민 생활수준의 향상으로 1989년에는 해외여행 자유화가 이루어졌다. 이로 인한 국제선 수요가 연평균 13%, 국내 여객 수요가 30% 이상 증가하는 등 세계 최고의 항공 수요 증가율을 기록하며 본격적인 항공시대로 접어들었다.

항공 수요의 증가로 인한 김포국제공항의 확장 공사도 단계적으로 추진되었으나 김포공항 활주로 주변에 계양산과 주거 지역이 좌우로 둘러싸여 있어 활주로를 추가로 건설할 수 없었다. 여러 문제로 인한 신공항 건설이 본격화되면서 2001년 3월 29일 인천국제공항이 개항하여 오늘에 이르고 있다.

1. 우리나라 공항의 역사

(1) 태동기− 1945년 광복 이후(1950~1960년대)

1916년 10월, 국내 최초의 비행장인 여의도 군 간이 비행장이 개설되어 일본군에 의해 관리되었다. 1945년 광복 이후에는 미 군정 및 공군에서 대부분의 비행장을 관리 운영해 오다가, 1961년 정부 산하기관인 교통부로 이관되어 공항으로서의 역할을 갖추게 되었다.

1957년 12월 최초로 교통부가 김포국제공항 직제 공포를 했으며, 1958년 1월 30일 부산, 제주, 광주비행장이 개항되었다. 이후 교통부는 1961년 6월 공군으로부터 김포국제공항을 인수하였으며, 1961년 10월 서울·부산 지방 항공관리국으로 직제 공포하여 각각 운영하였다.

1950~1960

1957년 여의도공항의 대한국민항공사(KNA) 서울−홍콩간 노선 탑승수속 모습

1962년 7월 4일 대구비행장 개소, 1963년 9월 3일 부산국제공항(부산비행장에서 승격), 1967년 12월 강릉공항 민항기 취항, 1968년 4월 제주국제공항(제주비행장에서 승격), 1968년 5월 속초공항 민항기 취항, 1970년 2월 사천·목포·포항 비행장 개소, 1970년 10월 울산비행장 개소, 1972년 7월 여수비행장 개소, 1976년 10월 김해국제공항(부산국제공항이 김해로 이전)이 개소하기에 이른다.

한편, 1945년 광복 이후 시행된 항공 관계 업무는 미 군정 산하 운수부에 설치된 비행운송국이 담당하고 있었으나, 1948년 대한민국정부 수립 이후 교통부 시설국 항공과로 흡수되면서 우리나라 민간항공 행정기구로 발족하였다. 1948년 8월 교통부 발족, 같은 해 10월 1일 우리나라 민간항공 운송사업의 창시자 신용욱은 순수 민간자본으로 대한국민항공사(KNA)를 설립하여 사상 최초로 서울 ~ 부산 노선에 취항하였다. 그러나 경영적자를 견디다 못해 1962년 도산하고 말았다.

이와는 별도로 한진상사의 조중훈도 1960년 11월 한국항공을 설립하여 1961년 초에 서울 ~ 부산 노선뿐만 아니라 일본과 동남아시아까지 취항할 정도로 의욕적이었으나, 이내 심각한 적자에 허덕이면서 1968년부터 민간 매각을 추진하기 시작하였다.

정부의 요청으로 한진상사는 1969년 자본금 15억여 원에 부채 23억 원의 대한국민항공사를 15억 원에 불하(국가 또는 공공단체의 재산을 개인에게 팔아넘기는 일)받게 되었다. 인수 후 민영으로 거듭난 '대한항공'은 우리나라 민간 항공 운송산업의 대를 이어 1988년 초까지 독자적인 노력에 의한 활발한 노선개척과 효율적인 경영으로 눈부신 발전을 이루었다.

1970~2000

1973년 대한항공 점보제트기 보잉
747기 취항식 모습

(2) 성장기– 김포국제공항 개항과 항공 산업의 성장 (1970~2000년)

김포국제공항은 1958년 1월 27일 여의도 국제공항의 기능을 김포국제공항으로 이전하면서 개항하였다. 김포국제공항은 그동안 항공수송 전진기지의 역할을 충실히 하였을 뿐만 아니라, 1970년대 중반 이후 불기 시작한 중동지역 건설 붐에 따른 건설 인력의 해외 진출을 신속히 할 수 있도록 하는 등 국제화의 거점 공항으로 성장하였다. 특히 1986년 아시안 게임과 1988년 올림픽 경기 등 우리나라에서 처음 치르는 국제대회를 성공적으로 개최할 수 있도록 국제 항공수송의 기지 역할을 충실히 해냈다.

1980년대 후반에는 '저유가, 저달러, 저금리'의 3저 호황과 아시안 게임, 올림픽 경기를 계기로 하여 정부가 국민의 해외여행을 대폭 자유화했던 시기로서 항공수요가 급격히 증가하였다.

이러한 상황에 발맞추어 정부는 1988년 새로운 항공사 사업자로 ㈜서울항공(나중에 금호 아시아나로 이름을 바꿈)을 선발하였다. 그동안 우리나라의 항공사는 대한항공 한 곳뿐으로 이러한 상황은 늘어나는 항공 수요에 효과적으로 대응하기 어려웠다. 또한 대한항공에 의한 독점을 없애고 경쟁체제에 의한 효율성을 추구하고자 하는 목적에서였다.

◎ 김포공항

(3) 도약기– 인천국제공항의 개항(2001년 이후)

인천국제공항은 1990년 6월 14일 영종도가 신공항 건설입지로 최종 확정된 후, 2000년 6월에 공항운영에 필요한 주요 기본 시설물에 대한 준공을 마칠 수 있었다. 마침내 모든 부문에 대한 종합 시험운전을 거쳐 2001년 3월 29일 개항이라는 역사적인 순간을 맞았다.

개항 이후 항공 수요 증가로 인한 항공시설물 용량 초과와 취항 항공사의 증가로 인

천국제공항 2단계 건설 사업이 추진되었다. 2002
년부터 추진했던 2단계 공사는 2008년 6월 성공
적으로 마무리되었다.

인천국제공항이 1단계 공사의 완공으로 동북아
의 물류 허브로서 세계에서 가장 사랑받는 공항으
로 성장할 수 있었다면, 2단계 공사의 완공을 통해
서비스와 시설 규모 등 모든 면에서 세계 최고의 공
항으로서의 위치를 확고히 하게 되었다.

2001~

인천국제공항

2. 공항 관리와 운영 주체

우리나라의 공항들은 모두 정부에서 관리하고 있다. 운영 주체를 살펴보면, 인천국
제공항은 인천국제공항공사에서 관리하고, 김포, 양양, 무안, 울산, 여수, 김해, 대구,
광주, 청주, 사천, 원주, 군산, 포항, 제주국제공항을 포함한 14개 공항은 한국공항공사
에서 관리한다.

항공 관련 법령은 국토해양부와 지식경제부로 이원화되어 있다. 운송산업·교통안
전을 담당하는 국토해양부에서 항공법, 항공안전 및 보안에 관한 법률, 항공운송사업진
흥법, 한국공항공사법, 인천국제공항공사법, 수도권신공항건설촉진법, 공항소음방지
및 소음대책 지역 지원에 관한 법률, 항공·철도 사고조사에 관한 법률 등 8개의 법률
및 그에 따른 하위법령으로, 산업 성장 및 촉진을 담당하는 지식경제부에서는 항공우주
산업개발촉진법 1개 법률을 제정하여 운영하고 있다.

공항별 운항 주체

공항 운영 주체		국제공항	국내공항	계
인천국제공항공사		인천국제공항		1개
한국 공항공사	민간전용	김포, 제주, 양양, 무안공항	울산, 여수공항	6개
	군 비행장	김해, 대구, 청주공항	광주, 사천, 포항, 군산, 원주공항	8개

※ 출처: 한국항공진흥협회 항공연감(2012)

(1) 한국공항공사

1980년 정부는 전국 공항의 효율적 건
설·관리·운영을 위하여 '국제공항관리공
단'을 설립하였다. 1983년부터 부산, 제주, 대구 등 14개 지사를 설립하였고, 1994년과

1999년에는 항로시설본부 및 항공무선표지소를 인수, 운영하였다. 2001년 인천국제공항이 완공되자 김포공항의 국제선 기능을 인천국제공항에 이전하였으며, 2002년에 한국공항공사로 명칭을 변경하였다. 현재 한국공항공사는 김포국제공항 내 본사 외 13개 지사(제주, 양양, 무안, 김해, 대구, 청주, 울산, 여수, 광주, 사천, 포항, 군산, 원주)에서 지방공항을 관리 운영하고 있다.

한국공항공사의 주요 사업은 공항의 관리운영 및 공항 주변 지역 개발사업, 항공기 · 여객 · 화물 처리시설 및 공항 운영상 필요한 시설 등의 신설 · 증설 · 개량사업, 공항시설 건설 · 관리 · 운영과 관련한 조사 · 연구 및 기술 개발, 공항의 건설 및 관리 · 운영과 관련하여 개발된 장비의 제작 · 판매 및 수출과 국외로부터의 사업수주, 소음방지 대책사업 중 방음시설 설치 등이 있다.

(2) 인천국제공항공사

정부는 1994년 인천국제공항의 건설을 위하여 수도권 신공항 건설공단을 설립했다. 1999년 인천국제공항의 효율적인 건설 및 관리운영을 통해 항공운송의 원활화 및 국민경제 발전에 이바지하고자 지금의 인천국제공항공사를 설립하여 인천국제공항을 관리 운영하고 있다.

인천국제공항공사의 주요 사업은 인천국제공항의 건설, 관리운영 및 유지보수, 인천국제공항의 관리운영에 필수적인 주변 지역 개발사업, 인천국제공항의 건설 및 관리운영에 관한 연구 및 조사, 공항업무와 관련한 전기통신사업, 공항의 건설 · 운영 등과 관련한 컨설팅 사업, 해외공항의 건설 및 관리운영과 그 주변 지역의 개발사업, 인천국제공항의 건설 및 관리운영과 관련하여 국가 또는 지방 자치단체로부터 위탁받은 사업 등이다.

인천국제공항공사의 주력 사업은 인천국제공항을 운영하고 관리하는 일이다. 또한 공항 주변 지역을 개발하고 신규 부대사업을 위한 인프라를 개발하는 일도 병행하고 있다.

3. 국내공항의 역할

우리나라 국내공항들은 지역별로 지위와 역할을 설정하여 기능 배분을 도모하고 있다. 지역의 공항은 그 지역의 경제, 사회문화, 과학기술 등 각 분야에 걸쳐 중요한 역할을 맡고 있다.

첫째, 경제적 역할을 살펴보자. 먼저 지역민들이 항공 수송수단을 이용함에 따라 시간과 비용을 절약할 수 있다. 그리고 항공 업무에 관련된 항공사 직원, 공항 관리 당국 직원, 상주하는 업체 및 임차자 등이 경제활동을 하고 있다. 그 밖에 공항 주변의 여행사, 호텔, 음식점 등이 생겨나 지역 경제 활성화에 도움을 준다.

둘째, 사회문화적 역할이다. 공항은 그 나라, 그 지역에 들어오는 내·외국인이 첫발을 내딛는 곳으로 공항의 첫인상이 그 국가, 지역에 대한 첫인상이 되기 쉽다. 공항의 출입국 절차를 포함한 여러 가지 문화의 척도가 공항에서 측정되는 경우가 많다. 따라서 여러 나라에서는 공항 자체가 그 나라 그 지역의 문화와 전통을 상징할 수 있도록 전통 건축양식에 의하거나 고유한 색상, 문양, 선 등을 감안해 공항을 건축하기도 하고, 내부시설 또한 이러한 점을 고려해 각종 시설을 배치하고 있다.

셋째, 과학 기술적 역할이다. 공항은 토목, 건축, 기계, 전기, 통신, 전자 분야의 시설을 설치하고 이 시설들을 관리 운영하는 등 기술적인 면과 경영적인 면이 복합된 기술 및 경영의 종합산업이다. 또한 항공기술의 발달에 따라 첨단시설과 장비를 갖추고 항공관제 및 항행 안전시설, 보안시설, 기상정보시설, 통신시설, 자동화 및 전산화 시설, 항공기 정비 및 서비스 시설 등 모든 관련 기술 분야에 대한 연구와 기술전파를 함으로써 과학과 기술발달을 선도하는 역할을 한다.

앞으로도 경제발전과 항공운송 자유화 및 항공 운송수단의 발달 등으로 항공 수요는 지속적으로 증가할 것으로 보인다. 변화하는 시대적 흐름에 부응하기 위해 공항 운영자는 새로운 항행 안전시설 설치, 기술 및 장비개발, 더욱 편리하고 빠른 여객처리를 위한 제도마련 · 시행 그리고 지속적인 공항시설 투자 등을 병행해야 할 것이다.

(1) 김포공항

김포공항은 1939년 서울특별시 강서구 과해동에 건설된 후 1957년 12월 한국과 미 공군 간에 김포공항 공동사용협정 후 1958년 1월 김포국제공항으로 지정되었으며, 1961년 7월 1일 미 공군으로부터 관할권이 완전히 인수되었다. 1971년부터 본격적인 한국 제1관문의 국제공항의 역할을 했다.

2001년 인천국제공항 개항으로 국내선만 취항하였으나 운영기관인 한국공항공사 측이 국토해양부와 협의 끝에 2003년 일본 하네다 국제공항과의 국제선 취항을 시작하였으며, 2007년에는 중국 상하이 홍차오 국제공항, 2008년에는 일본 오사카 간사이 국제공항, 2011년 중국 베이징 서우두 국제공항에 취항하고 있다. 국내선의 경우 김포공항을 거점으로 제주, 김해공항 등 국내선 허브공항 역할을 하고 있다.

앞으로 김포공항은 저비용 항공사들의 거점공항으로 활용 예정이다. 이는 저가 항공사들의 근거리 노선 취항이 늘어나고 있고, 김포공항에서의 탑승률 또한 인천국제공항에 비해 증가하고 있기 때문이다.

(2) 제주공항

제주공항은 우리나라 제일의 관광지인 제주도의 항공 수요를 충족시키는 공항으로 1942년 육군 비행장으로 개항되었고, 1946년 미 군정 하에서 민간 항공기 취항이 이루어졌다. 1968년 국제공항으로 승격된 후 1992년 활주로 건설 및 여객 터미널 신축과 여러 번의 확장공사를 통하여 현재에 이르고 있다.

제주공항은 2009년부터 2011년까지 이용

객 수 기준 3년 연속 국내선 1위, 국제선은 인천, 김포, 김해에 이어 4위에 해당하는 대한민국의 대표적인 공항이다. 국내선의 경우 김포, 김해 노선에서, 국제선의 경우 중국, 일본, 홍콩 3개국 10여 개 도시에 운항하고 있다. 섬이라는 지리적인 이점으로 여행객이 계속 늘어나고 있어 현재 시설의 포화용량 도래 시기를 감안하여 기존공항을 확장하는 방안과 신공항을 건설하는 방안을 논의한 끝에 2025년을 목표로 서귀포시 성산읍 일대에 조성 중이다.

(3) 김해공항

김해공항은 부산시 수영구에 건설한 수영 비행장을 사용하여 1946년에 민간인 수송을 시작하였다. 1963년 교통부에 의해 정식 국제공항으로 승격되었다. 1976년 부산광역시 강서구 대저2동 공군 비행장으로 이전하여 현재의 국제공항으로 국내선 및 국제선이 운항 중이다.

김해공항은 동남권의 항공 수요를 담당하는 공항으로 국내선의 경우 김포, 제주 노선 등, 국제선의 경우 동남권 노선이 운항하고 있다. 특히 동남권의 경우 인천국제공항 다음으로 이용객이 많다. 중국, 일본, 필리핀, 베트남, 태국, 타이완 등의 노선을 운항하고 있다.

김해공항의 용량 포화 시기가 2020년 이전에 도달할 것으로 예상되어 신공항 필요성이 대두되었고 2026년 개항을 목표로 기본계획수립에 들어갔다.

(4) 기타 공항

❶ **대구공항** : 1962년 대구광역시 지저동에 위치한 공군 비행장을 사용하여 개항하였다. 1994년 일본 후쿠오카와 연결되는 국제선이 취항하면서 국제공항이 되었다. 2004년 경부고속철도(KTX) 개통으로 김포행 노선 이용률이 급감하여 내륙 노선은 폐쇄되고 제주 노선만 운항 중이다. 김포 노선은 국제선 환승을 위해 인천 노선으로 대체되었다.

❷ **청주공항** : 1997년 충청북도 청원군 내수읍에 위치한 공군 비행장을 사용하여 개항한 이래 국내선 및 국제선이 운항 중이다. 2011년 9월부터 전국 14개 지방공항 가운데 처음으로 화물기 운항을 시작하였다. 2012년 2월 전국 공항 가운데 최초로 한국공항공사에서 민간회사로 운영권이 매각되어 2013년 2월부터 운영에 들어갔다. 다만 공항시설 관리는 종전대로 국가에서 전담하고 있다.

❸ 광주공항 : 1949년 광주광역시 광산구 송정동에 위치한 공군 비행장을 사용하여 민항기 취항이 이루어졌다. 1995년 6월부터 국제선이 취항하다가 2008년 5월 국제노선이 무안공항으로 이전하면서 국내선만 운항 중이다.

❹ 무안공항 : 전라남도 무안군 망운면에 위치한 호남권의 국제공항으로 2007년 광주공항과 목포공항을 대체하기 위해 개항하여 목포공항의 국내선 기능 이전과 2008년 광주공항의 국제선을 이전받아 국제선도 운항 중이다.

❺ 양양공항 : 강원도 양양군 손양면에 위치한 영동권의 국제공항으로 2002년에 개항하여 강릉공항 및 속초공항 기능까지 통합하여 운영되고 있다. 개항 이후 여러 번의 노선 운항 중지를 거듭하여 오다가 국내선 및 부정기 국제노선이 운항 중이다.

❻ 울산공항 : 울산광역시 송정동에 위치한 민간 공항으로 1970년 개항했다가 1973년 1월부터 휴항하였다. 그 후 1984년 7월 재취항하여 현재에 이르고 있다.

❼ 원주공항 : 1997년 강원도 횡성군 곡교리에 위치한 공군 비행장을 사용하여 항공기 취항이 이루어지면서 현재에 이르고 있다.

⑧ 여수공항 : 전라남도 여수시 율촌면에 위치하고 있다. 교통부가 활주로를 건설하여 1972년 5월부터 취항하였다. 1976년 6월부터 1977년 8월 2일까지 한때 휴항하기도 했지만, 계속 시설 확장을 거쳐 현재 국내선만 운항 중이다.

⑨ 사천공항 : 경상남도 사천시 구암리에 위치하고 있는 공군 비행장을 사용하여 1967년부터 운항을 시작하여 현재에 이르고 있다.

⑩ 포항공항 : 경상북도 포항시 남구 동해면에 위치한 해군 비행장을 사용하여 1969년 7월부터 운항을 개시했으나 석유파동으로 1973년 9월부터 휴항에 들어갔다가 1986년 7월 재취항하여 현재에 이르고 있다.

⑪ 군산공항 : 전라북도 군산시 옥서면에 위치한 미군 공군기지 일부를 민항기 부지로 이용하여 1970년 8월부터 운항을 시작하였다. 1974년 3월 에너지 절감과 관련하여 공항을 폐쇄했다가 1992년 12월 재개항하여 현재에 이르고 있다.

공항에서 우리가 흔히 만날 수 있는 직업부터 알아보자. 항공 분야인 비행기 안에서 일하는 사람부터 지상의 공항에서 일하는 사람들까지 실로 다양하다.

이 가운데 공항에 갔을 때 우리를 도와주는 직업을 중심으로 소개한다.

Company

Airport

IV 우리가
만나는 공항 속
직업들

Airport

01
항공기 조종사
(운항 승무원)

1. 항공기 조종사란?

승객을 태우거나 화물을 실은 항공기, 전투기, 경
비행기 등을 운전하여 약속된 시간에 목적지까지 도착
하는 것을 목적으로 일을 한다. 우리나라에서는 공군을
제외한 대부분의 조종사는 항공사에 근무하며 여객 및 화물
수송 업무를 담당한다. 소형 항공기를 제외한 대부분의 항공기는
두 명의 조종사가 조종하며 이 중 기장으로 불리는 선임 조종사는 비행에 관련된 모든
사항과 승무원을 책임진다. 부조종사는 부기장으로 불리며 기장을 도와 항공기 운항 업
무를 수행한다.

2. 항공기 조종사가 하는 일

(1) 기장(선임 조종사)의 업무

기장은 비행에 앞서 운항 관계사항을 검토하고 출발 전에 운항로, 목적지, 비행시간, 기상조건 등 비행에 관련된 내용을 승무원들에게 설명한다. 그리고 승객 사무장의 보고 자료를 검토하여 탑승 인원을 확인하고 출입문을 개폐한다. 목적지, 항로, 소속 항공사 등을 관제탑에 보고하고 이륙 허가를 받은 뒤 비행기를 이륙시킨다.

비행 중에는 부조종사의 도움을 받아 자동항법장치와 자동운항장치를 조정하고, 목적지에 도착하면 관제탑의 유도를 받아 착륙한다. 착륙이 완료되면 운항일지를 기록하고, 비행 중에 발생한 각종 설비의 문제나 이상 현상을 정비부서에 통보한다.

(2) 부기장(부조종사)의 업무

부기장은 비행에 필요한 제반 절차 및 서류를 준비하고 기상 및 운항에 관련된 자료를 확인한다. 그리고 항로, 기상조건, 운항계획 등에 관하여 운항관리사와 협의한다. 또한 항공기의 외부상태, 연료탑재량, 각종 설비의 정상가동 여부 등을 점검하여 운항일지에 기록하고, 항공기의 이착륙 및 비행 시 각종 계기의 수치를 확인하여 기장에게 보고한다. 운항 중에는 기장 옆에서 조종 장치를 주시하다가 만일 기장의 조작 상황이 항공기의 안전 운항에 악영향을 미친다고 판단될 경우 기장에게 시정을 건의한다.

이렇듯 다양한 업무 특성상 조종사는 정신적 육체적 노동 강도가 센 편이다. 그래서 급여 및 복리후생 등에서 좋은 대우를 받는다. 또한 항공기 조종사의 전문성은 국제적으로 통용되므로 국내외 다른 항공사로의 이동도 쉬운 편이다. 항공기 조종사가 이직할 경우에는 그동안 운항해 온 비행시간이 가장 중요한 경력이 된다.

3. 항공기 조종사에게 필요한 능력

항공기 조종사는 전 세계를 비행하므로 모든 나라는 유엔 산하기구인 국제민간항공기구(ICAO, International Civil Aviation Organization)의 권고에 따라 항공기 조종사의 신체조건, 영어 구술능력 등 자격 요건을 엄격하게 적용한다. 또한 항공기 조종사가 되기 위해서는 자가용 조종사 자격증명(자격증), 사업용 조종사 자격증명, 부조종사 자격증명, 운송용 조종사 자격증명 중 1개 이상을 소지해야 한다.

조종사 자격증명을 취득하려면 비행경력을 쌓아야 하는데 자가용 조종사는 40시간, 사업용 조종사는 200시간, 부조종사는 240시간, 운송용 조종사는 1,500시간 이상의 비행경력이 있어야 가능하다.

항공신체검사증명 제1종을 취득하려면 지정된 병원에서 신체검사를 받아야 한다. 이 중 눈과 관련된 항목이 많은데 중요한 내용을 요약하면 다음과 같다. 눈 굴절 상태에 영향을 주는 수술을 받지 않았을 것, 녹내장이 없을 것, 야간시력이 정상일 것, 색각이 정상일 것, 안경을 끼지 않고 또는 안경을 끼고 원거리 시력 1.0 이상, 근거리 시력 0.5 이상일 것 등이다.

항공 영어 구술능력 증명은 발음, 문법, 어휘력, 유창성, 이해력, 응대 능력 등을 테스트하는데 최고 6등급부터 4등급까지만 자격으로 인정받고 3등급 이하는 인정받지 못한다. 유효기간은 6등급은 영구, 5등급은 6년, 4등급은 3년이므로 유효기간 만료 전에 다시 시험을 봐야 한다. 항공영어 구술능력 증명과 관련된 업무는 국토교통부로부터 업무위탁을 받은 G-TELP(www.gtelp.co.kr)와 IAES(www.iase.co.kr)에서 담당한다.

항공무선통신사 자격증은 항공기의 무선통신기기를 사용하는 데 필요하다. 항공무선통신사 자격증과 관련된 업무는 한국방송통신전파진흥원(www.kca.kr)에서 담당한다.

4. 항공기 조종사가 되는 방법

항공기 조종사는 크게 민간 항공기 조종사와 군 항공기 조종사로 나눌 수 있는데, 군 항공기 조종사를 거쳐 민간 항공기 조종사가 되기도 한다. 항공기 조종사가 되는 과정은 '항공운항 관련 대학에 진학 → 항공기 조종 배우기→ 자격증 취득하기→ 비행경력 쌓기 → 취업' 순이다.

(1) 항공운항 관련 대학에 진학

민간 항공기 조종사가 되려면 항공운항학과가 있는 대학에 진학하는 것이 유리하다. 일반대학에 진학한 후에 되는 방법도 있지만, 그 과정이 복잡하고 까다롭다. 항공운항학과가 있는 4년제 대학은 한국항공대학교, 한서대학교, 한국교통대학교, 경운대학교, 극동대학교, 청주대학교, 초당대학교, 중원대학교 등 8개가 있고, 2년제 대학으로 군장대학교가 있다.

항공기 조종사가 되는 방법으로 공군사관학교에 진학하는 방법도 있다. 공군사관학교 입학 후 4년간의 생도 생활을 마친 뒤 공군 소위로 임관하게 되며, 군 조종사로 복무하게 된다. 임관 이후 10년 차에 1회 전역 기회가 주어지며, 민간 항공사에 채용되면 전역 이후 민간 항공기 조종사로 근무할 수 있다. 단, 군 생활 중에 운송용 조종사 면장을 획득하여야만 민간 항공기 조종사가 될 수 있다.

공군 항공기 조종사가 되려면 공군사관학교에 진학하는 것이 가장 유리하지만 한국

항공대학교, 한서대학교, 한국교통대학교의 학군단(ROTC, Reserve Officers' Training Corps) 제도를 이용해도 된다. 한국항공대학교 항공운항학과, 한서대학교 항공운항학과 모두 2학년 때 학군단에 지원하여 3, 4학년 때 학군단 생활하면서 비행 기초훈련을 쌓는 것이 일반적이다.

(2) 항공기 조종 배우기

조종을 배울 수 있는 곳은 한국항공대학교의 수색비행훈련원(경기도 고양)과 한서대학교의 태안비행교육원(충남 태안)이 있고, 정부 및 한국공항공사에서 관리하는 울진비행훈련원(경북 울진)이 있다. 그 외 국내 사설 비행교육원과 해외 비행교육원이 있으며, 군에는 공군비행교육부대가 있다.

❶ **한국항공대학교 비행교육원** : 한국항공대학교 소유이며 CPC(Civil Pilot Course) 과정, APP (Airlines Pilot Program) 과정 및 MPC(Military Pilot Course) 과정이 있다. CPC 과정은 한국항공대학교 항공운항과 학생들을 대상으로 계기 비행, 사업용 조종사 자격을 취득하도록 하는 과정이며, APP 과정은 한국항공대학교 CPC 과정 이수자 등 항공운항과 졸업생과 일부 일반대학교 졸업생을 선발해서 비행경력 1,000시간을 충족시킨 후 최종적으로 대한항공 입사를 목표로 하는 과정이다. MPC 과정은 공군과 해군 조종사가 되는 과정으로서 군에서 지원하는 장학금을 받으며, 계기비행/자가용 조종사 자격을 취득하고 장교로 군 복무를 하게 된다.

한국항공대학교 비행교육원 공채는 일반 4년제 대학 졸업생을 대상으로 1년에 3기수를 모집한다. 1기수 모집에 15명 내외이다. 교육 기간은 총 22개월이며, 교육을 마치면 항공사 조종사로 채용된다. 특채는 한국항공대학교 출신 재학생만을 대상으로 선발하며, 1년에 10~12명 정도 모집한다. 운항학과는 2학년이 지원 대상이며, 타과 학생들은 2, 3학년 학생이 지원 대상이다. 운항학과 학생이 지원할 수는 있지만, 실질적으로 대부분은 학군단에 편입된다. 합격한 경우 한국항공대학교 운항학과 3학년으로 전과되며, 졸업 때까지 비행이론 교육과 초급비행 30시간의 경력을 쌓게 된다. 졸업 후 총 19개월의 교육을 추가로 받게 되며, 교육 종료 이후 대한항공 조종사로 채용된다.

❷ **한서대학교 비행교육원** : 한서대학교 소유이며 충청남도 태안에 있다. AAPC(Asiana

Airlines Pilot Course) 과정, ABPC(Air Busan Pilot Course) 과정, FIC(Flight Instructor Course) 과정 및 군 조종사가 되기 위한 AFPC(Air Force Pilot Course) 과정과 NPC(Navy Pilot Course) 과정이 있다.

AAPC 과정은 비행경력 250시간을 쌓고 자가용·계기비행·사업용 조종사 자격을 취득하여 아시아나항공에 입사하는 것을 목표로 하고 있다. ABPC 과정도 AAPC 과정과 비슷하며, 에어부산 입사를 목표로 한다. FIC 과정은 비행 경력이 있는 졸업자를 대상으로 비행교관 자격을 취득하도록 하고 있다. 또 AFPC 과정은 공군 조종사를 목표로, NPC 과정은 해군 조종사를 목표로 하는데 교육 과정은 한국항공대학교와 비슷하다. 항공운항과가 있으면서도 자체 보유 활주로가 없는 극동대학교, 경운대학교 등은 한서대학교의 태안비행교육원 활주로를 이용하여 비행 실습을 하고 있다.

❸ **울진비행훈련원** : 애초 울진 공항으로 건설하였으나 항공 수요가 없어 공항으로 개항하지 못하고 비행훈련원으로 용도를 변경하였다. 정부에서는 국내 조종사 부족 문제를 해소하기 위하여 국책사업으로 울진비행훈련원을 지원하고 있다. 한국공항공사에서 비행장 시설을 총괄 관리하며, 국토교통부에서 직접 관제업무를 지원하고, 한국항공진흥협회에서 교육훈련사업자를 관리한다.

울진비행훈련원의 모집 요건은 항공신체검사자격 제1종 및 TOEIC 700점 이상을 취득하면 누구나 신청 가능하며, 학력과는 무관하게 지원할 수 있다. 교육 과정은 통합 사업용 조종사 과정을 운영하며 사업용 조종사, 계기비행 증명자격 등을 취득할 수 있다. 교육 기간은 개인 능력이나 기상 조건에 따라 약 1년에서 1년 6개월 소요되며, 비용은 약 5,000만 원 정도인데 정부에서 1인당 900만 원을 지원해 준다.

1단계 사업은 2010년에 시작하여 2014년에 마무리되었는데, 한국항공대학교와 한서대학교가 교육훈련 사업자로 선정되어 총 140명의 사업용 조종사를 배출하였다. 취업 현황은 국내 항공사 부기장 60명, 항공기 사용사업체 부기장 및 비행 교관 35명으로 약 70%의 높은 취업률을 나타냈다.

2단계 사업은 2014년부터 5년간이며 교육훈련 사업자로 한국항공대학교와 한국항공직업전문학교가 선정되었다. 교육생 모집 요건, 교육 과정, 교육비 등은 1단계와 같다. 2단계에서는 매년 140명의 사업용 조종사를 양성할 예정이다.

❹ **국내외 사설 비행교육원** : 한국조종사교육원, 한국항공 등 10여 개 업체가 전국에서 일반인을 대상으로 비행교육을 하고 있다. 해외 비행교육원으로는 미국, 캐나다, 호주의 비행교육원이 대표적이다. 이 중 미국 FAA(Federal Aviation Administration)의 조종사 자격증을 선호하고 있다.

(3) 자격증 취득하기

항공기 조종사 자격증을 취득하기 위해서는 학과시험과 실기시험을 봐야 한다. 각 항목의 경력을 포함한 비행기 조종사 중 1,500시간 이상의 비행경력이 있는 사람으로서 계기비행 증명을 받은 사업용 조종사 또는 부조종사 자격증명(외국 정부에서 발행한 운송용 조종사 자격증명 또는 계기비행 증명이 포함된 사업용 조종사 또는 부조종사 자격증명을 포함한다)을 가진 사람이어야 한다.

(4) 비행경력 쌓기

조종사가 되려는 사람들의 가장 큰 관심사는 항공사들이 원하는 비행경력을 어떻게 쌓을 것이냐 하는 것이다. 비행경력을 쌓는 가장 좋은 방법은 조종 교관으로 근무하는 것이다. 보수도 받고 경력도 쌓을 수 있기 때문이다. 조종 교관으로 일할 수 있는 곳은 수색비행훈련원, 태안비행교육원, 울진비행훈련원이 있으며, 국내 사설 비행교육원에서 조종 교관으로 일할 수도 있다. 또한 자신이 비용을 내고 국내 사설 비행교육원이나 해외 비행교육원에서 비행경력을 쌓을 수도 있다. 군 조종사는 군 복무기간 동안 비행경력을 쌓으면 된다.

(5) 취업

항공기 조종사로 취직할 수 있는 대표적인 곳은 국내 · 국제 항공운송사업체인 항공사들이다. 그 외 소형 운송사업체, 항공기 사용사업체와 보유기관 및 업체가 있다.

대한항공에 취업하려면 비행경력 1,000시간 이상이어야 하고, 사업용 조종사 자격, 계기비행 자격 등을 갖추고 항공영어 구술능력 증명도 4급 이상이어야 한다. 또한 한국항공대학교의 APP 과정 이수자도 입사할 수 있다.

아시아나항공에 취업하려면 비행경력 250시간 이상이어야 하고, 사업용 조종사 자격, 계기비행 자격 등을 갖추고 TOEIC 800점 이상이어야 한다. 또 운항 인턴 조종사로 취직할 수 있는데, 이 제도는 학사학위 소지자로 TOEIC 800점 이상과 TOEIC speaking 5등급 이상인 사람을 선발하여 별도의 조종 교육을 시키는 제도이다. 군 경력자는 우대하며 요구하는 비행시간은 1,000시간이고 자격은 대한항공과 같다.

저비용 항공사인 제주항공, 진에어, 에어부산, 이스타항공, 티웨이항공에 취업하기 위해서는 비행경력 250시간 이상이고, 사업용 조종사 자격과 계기비행 자격을 갖추어야 한다.

그 밖에 취업이 가능한 곳은 항공화물만 운송하는 에어인천과 국내에 취항하는 70여 개의 외국 항공사가 있으며, 전세기 운항이나 관광 운항 사업을 하는 5개의 소형 운송사업체, 농약 살포나 조종 교육 사업을 하는 50여 개의 항공기 사용 사업체, 항공기를 가지고 있는 경찰청, 산림청 같은 국가기관 및 언론사, 개인회사 같은 일반 업체가 있다.

항공기 조종사의 최종 목표는 일반적으로 운송용 조종사(기장)가 되는 것이다. 운송용 조종사가 되는 방법에는 '자가용 조종사 → 사업용 조종사 → 운송용 조종사'가 되거나 '부조종사 → 운송용 조종사'가 되는 방법이 있다.

5. 항공기 조종사의 근무 여건

항공기 조종사는 누구나 부러워하는 전문 직업인으로서 정년을 보장받으면서 많은 연봉을 받는다. 세계 여러 나라를 여행할 수 있고 비교적 자유시간도 많은 편이다. 반면 언제든 위험한 상황에 부닥칠 수 있고 막중한 책임감 때문에 스트레스가 많은 편이다. 조종사의 생활은 비행 스케줄에 의해 결정되며, 명절이나 휴가철이 되면 더 바빠지고, 가족과 떨어져 지낼 때도 많지만 가족과 함께 세계 여러 나라를 저렴한 비용으로 여행할 기회도 많다.

항공기 조종사 연봉은 항공사마다 차이가 있지만, 기장의 경우 본봉과 비행수당을 합쳐 대략 1억 2,000만 원~1억 8,000만 원이고, 부기장은 대략 7,000만 원~1억 2,000만 원 수준이다.

항공기 조종사의 직급 체계는 '부조종사 → 선임 부조종사 → 기장 → 선임 기장 → 수석 기장' 순이다. 조종사의 정년은 65세 정도이다.

6. 항공기 조종사의 직업적 전망

현재 전 세계 항공업계는 조종사 쟁탈전이 뜨겁다. 미국에서는 조종사 부족이 갈수록 심해지고 있다. 〈LA 타임스〉에 따르면 미국에서 퇴직하는 조종사는 급증하는 반면 새로 배출되는 조종사가 부족해 일부 항공사에서는 국내선 취항 편수를 줄여야 할 상황이라고 한다.

항공 전문회사인 보잉 사와 에어버스 사는 2030년까지 약 46만 명의 신규 조종사가 필요할 것으로 전망했다. 이 중 아시아·태평양 지역은 2031년까지 연간 8~9,000명의 조종사가 부족할 것으로 예상했다.

조종사 부족 문제는 우리나라도 예외가 아니다. 민간 항공사에서는 군 경력 조종사를 우대하고 있는 반면, 군에서는 군 조종사가 민간 항공사로 가는 것을 최소화하려고 노력하고 있다.

정부에서는 조종사 문제를 해결하기 위해 2017년까지 2,000명의 항공기 조종사를 양성하는 내용의 항공인력 양성계획을 확정·시행했으며, 최근 국토교통부는 항공기 조종사의 중국 이직 등으로 조종사 부족 현상이 심화되자 항공사, 전문가 등과 대책을 준비해 2018년부터 2022년까지 5년간 신규 조종사 3,000명을 공급하는 '조종사 수급대책'을 마련하여 발표하기도 했다.

현재 우리나라에는 약 5,700명의 조종사가 있다. 항공사별로는 대한항공이 2,700여 명으로 제일 많고, 아시아나항공 1,300여 명, 제주항공 200여 명, 진에어 160여 명, 에어부산 150여 명, 이스타항공 120여 명, 티웨이항공 100여 명, 에어인천 10여 명 등이다. 그리고 항공사 외 국가기관 등에 150여 명, 사업체 등에 270여 명이 있다.

02
항공기 객실 승무원

1. 항공기 객실 승무원이란?

비행기 하면 떠오르는 이미지 중 하나는 아름답고 친절한 스튜어디스(stewardess)의 모습일 것이다. 스튜어디스란 비행기에서 승객들이 편안한 여행이 될 수 있도록 돕는 항공기 여성 객실 승무원을 말한다. 남성 객실 승무원도 있는데, 이들은 스튜어드(Steward)라 부른다. 항공사에 따라서는 스튜어드를 캐빈(Cabin)라 하고, 스튜어디스를 캐빈 어텐던트(Cabin Attendant)라고도 한다.

항공기 객실 승무원들의 업무는 탑승구에서 승객을 맞이하는 것에서부터 승객이 내리기까지의 전 과정에 걸쳐 이루어진다. 따라서 탑승객들은 비행 내내 마주치는 승무원들의 이미지로 항공사를 평가하고 기억하는 경우가 많다.

세계 최초의 항공기 객실 승무원은 1930년 5월에 미국의 보잉에어 트랜스포트에서 8명의 간호사가 샌프란시스코와 시카고를 운항하는 여객기에서 근무한 일이다. 당시 여객기는 성능이 낮아 운항할 때 흔들림 등이 잦아 상당수 승객이 운항 중 멀미를 하여 이들에 대한 간호를 하기 위해 간호사들이 탑승하였다고 한다.

2. 항공기 객실 승무원이 하는 일

비행기가 이륙하기 전 객실 승무원은 국제선의 경우 2시간 30분 전에 객실 사무장의 주관하에 업무 분담, 용모 및 휴대품 점검, 유의사항 및 신규 업무지식 등에 관한 지시사항을 전달받는다. 그리고 기장으로부터 목적지, 비행시간, 항로 및 기상조건, 기타 유의사항 등에 대해 듣는다.

출발 1시간 전에 비행기에 탑승하여 비상 장비 및 기내시설의 이상 유무를 점검하고, 비행 중 필요한 기내 용품의 수량 및 탑재 여부, 기내의 청결 상태 등을 포함한 객실 서비스에 관한 제반 사항을 확인하여 이상이 없도록 준비한다.

기내의 모든 준비가 완료되면 사무장의 승객탑승 지시에 따라 승객의 탑승을 돕고, 탑승이 완료되면 안전벨트, 구명조끼, 산소마스크, 비상 탈출구의 사용법 등에 대한 시범을 보인다. 이와 같은 시범은 보통 비행기가 활주로로 이동하는 동안 진행된다. 시범이 끝나면 전 승무원은 이륙을 위하여 최종적으로 좌석벨트 확인, 기내 이동물질의 고정, 금연 여부 등을 확인한다. 항공기가 이륙을 시작하면 긴장을 늦추지 말고 만약의 사태에 대비하고 있어야 한다. 항공기는 이착륙 시점에 사고 발생률이 높기 때문이다.

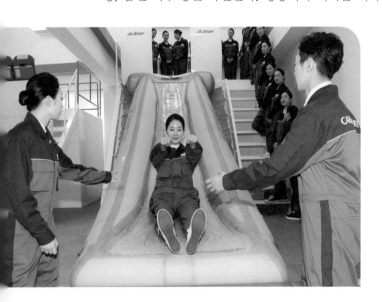

비행기가 이륙한 후에는 승객의 요청에 맞춰 읽을거리, 음료, 식사 등을 제공한다. 또한 헤드폰을 제공하며 영화나 음악을 선정할 수 있도록 조작방법을 설명한다. 이외에 승객의 입국 수속에 필요한 서류나 세관 신고서 등의 작성 방법을 설명하거나 향수, 주류 등의 면세품을 판매한다. 특히 환자나 도움이 필요한 승객을 보살피는 데 신경을 써야 한다.

목적지 공항에 가까이 이르러 착륙 안내방송이 나오면 기내 최종점검을 실시하여 이동물질을 고정하고 승객의 좌석벨트를 확인한다. 비행기가 착륙하면 탑승객이 내리는 것을 도와주고, 객실 상태나 승객의 분실물 등을 점검하고 기타 운항 관련 보고서를 작성한다.

일반적인 업무는 아니지만, 객실 승무원의 가장 중요한 임무 중 하나는 비상사태 시 승객들을 안심시키고 필요한 조치를 취하는 것이다. 비상착륙 시에는 승객들을 신속하고 안전하게 탈출시켜야 한다.

3. 항공기 객실 승무원이 되는 방법

항공기 객실 승무원이 되는 방법은 크게 두 가지이다. 하나는 대학에서 관련 학과를 졸업한 후 채용되는 방법이고, 다른 하나는 항공사의 공개채용을 통해 입사한 후 양성교육 및 수습과정을 거치는 방법이다.

(1) 관련 대학에 진학

항공서비스학과가 있는 2년제 대학은 인하공업전문대학, 수원과학대학교, 항공영상대학교, 연성대학교, 장안대학교, 신구대학교, 부천대학교, 대림대학교, 한국관광대학교, 두원공과대학교 등이고, 4년제 대학은 한국항공대학교, 한서대학교, 극동대학교, 중부대학교, 초당대학교 등이다.

일반 사설학원도 많은데 한국항공직업전문학교, 아세아항공직업전문학교, 코세아스튜어디스학원, KOREA승무원 아카데미, ANC승무원학원 등이 있다.

인하공업전문대학 항공운항과를 졸업한 경우 대한항공으로 70% 정도 특채가 되지만, 그 외의 경우는 2년제 과정을 마친 후 4년제 대학으로 편입하는 경우도 있다. 이는 영어 실력을 중요시하는 항공사에서 객실 승무원을 공개 채용할 때 4년제 대학 졸업자로 학력을 제한하는 경우도 있기 때문이다. 아시아나항공의 경우 객실 승무원 공개채용 시 4년제 대학으로 제한하고 있으며, 대한항공의 경우는 2년제와 4년제를 각각 모집한다.

(2) 취업

국내 항공사의 객실 승무원 공개채용은 수요에 따라 1년에 2~3번 정도 있다. 입사시험 절차는 신체검사, 필기시험, 단체면접, 개별면접, 최종면접 등으로 이루어진다. 일반적으로 서비스직의 이미지를 고려한 용모와 적합한 인성, 서비스직에 필요한 화술, 건강, 영어 실력을 보고, 여성의 경우 162cm 이상의 신장제한 등이 채용기준이 된다.

항공기 객실 승무원으로 취업할 수 있는 곳은 항공 운송사업체인 대한항공, 아시아나항공, 제주항공, 진에어, 에어부산, 이스타항공, 티웨이항공 등이 있다. 그 외 국내에 취항 중인 70여 개의 외국 항공사도 있다.

일부 항공사의 채용 조건을 보면 스튜어디스의 경우 학력은 2년제 대학 졸업 이상, 키 162cm 이상, 교정시력 1.0 이상, 영어 TOEIC 550점 이상을 요구하고, 스튜어드는 영어 TOEIC 750점 이상을 요구하고 있다.

채용 절차를 보면 '1차 서류전형 → 2차 면접(영어 구술 포함) → 최종면접(임원) → 적성검사→ 건강진단(체력 테스트) → 합격' 순이다.

항공기 객실 승무원의 성비는 여자 62.1%, 남자 37.9% 정도이며, 평균 연령은 34.2세다. 전체적으로 2년제 대학 이상의 학력을 보유하고 있으며, 평균 근무연수는 9.3년이다.

면접 복장은 스튜어디스의 경우 반소매 상의와 무릎까지 오는 치마를 입어야 하고, 밝고 청결한 분위기가 중요하다. 외국 항공사의 경우는 대부분 영어면접을 보며, 필요에 따라 수시로 채용하므로 정보수집이 중요하다.

4. 항공기 객실 승무원의 근무 여건

　항공기 객실 승무원은 누구나 부러워하는 멋진 전문 직업이다. 물론 승객에게 친절하게 대해야 한다는 스트레스와 언제든 위험한 상황에 처할 수 있다는 단점도 있다.

　항공기 객실 승무원의 근무 여건은 항공기 조종사와 비슷하다. 모든 생활은 비행 스케줄에 의해 결정되며 명절과 공휴일에는 더 바빠진다. 대신 비수기에는 저렴하게 항공권을 이용할 수 있는 특혜가 주어지는 경우가 많아 가족들과 함께 세계 여러 나라를 저렴한 비용으로 여행할 기회가 많다.

　현재 우리나라에는 약 1만여 명의 스튜어디스가 있다. 항공사별로는 대한항공이 6,000여 명으로 제일 많고, 아시아나항공 3,800여 명, 제주항공 320여 명, 진에어 220여 명, 에어부산 240여 명, 이스타항공 190여 명, 티웨이항공 150여 명 등이다. 스튜어디스의 연봉은 대략 3,000~8,000만 원 수준이다. 물론 항공사마다 차이가 있다.

　스튜어디스도 직급체계가 있다. 직급체계는 일반적으로 '수습승무원 → 승무원 → 부사무장 → 사무장 → 선임사무장 → 수석사무장' 순이다. 스튜어디스의 정년은 55세 정도이고, 퇴직 후 서비스 강사로 활동하는 경우가 많다.

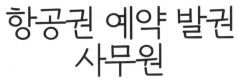

03
항공권 예약 발권 사무원

1. 항공권 예약 발권 사무원이란?

여행이나 출장 등으로 비행기를 타야 할 일이 생겼을 때 가장 먼저 접하게 되는 사람은 항공권 예약 발권 사무원이다. 이들은 항공사나 여행사 소속으로 탑승객의 항공권을 예약하고 발권하는 일을 하기 때문이다. 항공권의 가격은 항공권 기간에 따라, 또는 성인인지 학생인지 등의 다양한 조건에 따라 조금씩 달라지기 때문에 항공권 예약 발권 사무원은 이러한 여러 조건들을 파악하여 적용할 줄 알아야 한다.

항공권 예약 발권 사무원은 고객 상담기술이 뛰어나야 하고 고객의 요구를 빠르게 파악하여 정확하고 다양한 정보를 제공할 수 있는 대처능력이 요구된다. 따라서 항공노선이나 스케줄, 여행정보 및 기타 항공과 관련한 다양한 지식이 있으면 업무에 큰 도움이 된다.

2. 항공권 예약 발권 사무원이 하는 일

항공권 예약 발권 사무원은 항공권을 구입하거나 발권, 예약, 재발권하려는 고객을 위해 고객이 가려는 목적지, 항공기의 운항 상황, 탑승 시간, 좌석등급 등을 조회하여 가능 여부를 알려준다. 고객이 원하면 요금을 계산하고 항공권을 발급한다. 또한 항공권 시간 변경이나 기한연장, 노선변경 등에 대한 업무를 처리하기도 한다.

따라서 항공권 예약 발권 사무원은 꼼꼼해야 한다. 잠깐의 실수가 큰 문제가 되기도 하기 때문이다. 실제로 항공권 발권 과정에서 전산오류가 생겨 손으로 직접 작업을 하다 숫자를 잘못 표기하는 바람에 승객이 다른 목적지에 도착하게 되는 불상사가 일어난 적이 있다. 따라서 탑승자의 탑승 정보를 꼼꼼히 확인하고 여행자가 목적지에 무사히 도착할 수 있게 해야 하는 것이 최우선의 기본 업무라고 할 수 있다. 단체, VIP 또는 비즈니스 클래스 및 일등석 예약고객을 따로 전담하기도 한다.

3. 항공권 예약 발권 사무원이 되는 방법

항공사에서 항공권 예약 발권 사무원을 채용할 때, 일반적으로 전문대졸 이상의 학력자로 응시자격을 제한하고 있으며, 외국 항공사는 대졸 이상의 학력을 요구하기도 한다. 보통은 바로 일을 시작할 수 있는 경력자를 선호하기 때문에 먼저 여행사나 국내 항공사에서 일하며 경력을 쌓아두면 유리하다.

항공권 예약 발권 업무 특성상 외국인 고객을 상대할 일도 많기 때문에 기본적인 영어능력을 갖추어야 한다. 이 때문에 국내 항공사의 경우 채용 시 토익이나 G-TELP 등의 영어성적을 요구하기도 한다.

보통 외국 항공사의 경우에는 영어회화는 물론 항공사가 속한 해당 국가의 언어능력까지 요구한다. 따라서 목표로 하는 곳이 외국 항공사라면, 그 나라의 언어도 익혀두어야 한다.

항공권 예약 발권 시스템 조작기술 등 관련 분야의 지식을 쌓고 경험해 보는 것 또한 중요하다.

대한항공의 경우 TOPAS, 아시아나항공은 ABACUS, 일부 외국 항공사는 GALILEO 등의 예약 발권 시스템을 사용하고 있으므로 항공사나 여행사에 지원할 때 이러한 항공 예약 시스템(CRS, Computerized Reservation System)을 다룰 수 있다면 보다 유리하다. CRS 교육은 항공사나 항공 관련 사설학원과 직업 전문학교 등에서 받을 수 있다.

(1) CRS 자격증

컴퓨터에 의한 예약 발권 시스템을 CRS 프로그램이라 한다. CRS 프로그램은 항공기 운송정보 및 호텔이나 렌터카 예약, 항공운임 자동 산출까지 가능한 시스템이다.

CRS 프로그램은 항공사 지상직을 비롯하여 여행사, 렌터카, 호텔 등의 예약 발권 업무가 이루어지는

모든 직무에서 사용되고 있는 광범위한 프로그램이다. 대학의 항공 관련 학과 및 관광호텔 계열 학생들은 학교에서 CRS 프로그램 과정을 이수하며, 그렇지 않은 비전공자들은 따로 CRS 자격증을 따는 것이 유리하다. CRS 자격증은 취업하는 데 필수사항은 아니지만, 이력서 사항에 기재가 가능하고, 실제 채용에서도 자격증 소지자를 우대하는 경우가 있다.

CRS 프로그램은 매우 다양하다. 이 중 우리나라에서 점유율이 높은 프로그램은 토파스(TOPAS), 애바카스(ABACUS), 갈릴레오(GALILEO) 등이다.

(2) 우리나라에서 점유율이 높은 CRS 프로그램

토파스	대한항공과 아마데우스가 공동으로 출자해 만든 종합 여행정보 시스템으로, 현재 전 세계 40~50% 정도가 이 프로그램을 사용하고 있다. 700여 개의 항공사와 11만 개의 호텔 및 여행과 관련된 많은 부분에 콘텐츠가 연결되어 있다.
애바카스	아시아나항공 예약 시스템으로 국내외 80% 항공사에 설치되어 1,000여 개의 항공사에서 사용하고 있는 프로그램이다. 아시아·태평양 지역 최대 예약시스템인 애바카스 인터내셔널과 제휴되어 여행업계의 정보화와 전산화의 세계화를 선도하고 있다. 인터넷을 기반으로 하는 시스템으로 500여 개의 항공사 예약 및 80여 개의 항공사에서 사용되고 있으며, 우리나라와 동남아시아를 기반으로 LCC의 항공권 예약, 발권하는 시스템으로도 사용되고 있다.

4. 항공권 예약 발권 사무원의 근무 여건 및 전망

항공권 예약 발권 사무원의 근무 시간은 항공사나 여행사에 따라 약간의 차이가 있지만 일반 직장인과 크게 다르지 않다고 보면 된다. 다만 신혼여행 시즌인 봄이나 가을, 여름방학, 명절 등의 성수기에는 여행객이 급증하므로 야근을 하기도 한다. 일반인들이 여행을 가려고 계획하는 날이 사무원들에게는 업무가 폭주하는 기간이 된다.

항공권 예약 발권 사무원은 업무시간 내내 사무실에 머무르며 전화 및 컴퓨터를 이용해 고객과 상담해야 한다. 보통 항공권예약, 발권뿐만 아니라 호텔 예약, 여행상담도 겸하고 있어 정신적·육체적으로 쉽게 피로를 느낄 수 있다.

연간 해외여행 인구 1,000만 명을 넘긴 지 오래되었다. 한 해에 전 국민의 1/5 이상이 한 번 이상 비행기를 타고 외국으로 나가고 있다. 1989년 국외여행(해외여행) 자유화 이후 여행인구는 해마다 늘어났다. 세계적으로도 항공기를 이용해 여행하거나 이동하는 사람은 매년 급증하고 있다. 이에 발맞추어 국내 항공사도 신규로 생겨났으며 국내에 취항하는 외국 항공사도 늘어났고, 여행업체 또한 매년 꾸준한 증가세를 보이고 있다. 이런 여행산업 자체 분위기는 항공권 예약 발권 사무원의 고용에 긍정적인 영향을 미칠 것으로 보인다. 그러나 인터넷의 발달로 고객이 온라인을 통해 스스로 예약업무를 수행할 수 있고, 발권 업무 역시 전자발권이 가능해지면서 온라인 티켓을 이용하는 사람이 증가하고 있어 항공사나 여행사가 증가한다 하더라도 항공권 예약 발권 사무원의 수가 획기적으로 늘어나지는 않을 것으로 보인다. 하지만 노령인구의 증가 등으로 여전히 전화 등을 통한 상담을 해야 하는 일이 줄어들지는 않을 것으로 보인다.

규모가 큰 항공사나 여행사의 경우는 상대적으로 근무환경이나 복리후생 등이 괜찮은 편이므로 영어와 CRS 자격증 등을 준비해 두면 도움이 될 것이다.

59

04 탑승수속 사무원과 항공기 탑승안내원

02

1. 탑승수속 사무원과 항공기 탑승안내원 이란?

공항에 도착하여 항공기를 이용하기 위해서는 가장 먼저 체크인 카운터에 가서 수하물을 부치고 탑승권을 받아야 하는데, 이 일을 도와주는 사람이 탑승수속 사무원이다. 그리고 탑승권 발권을 마치고 난 승객들이 휴대품 보안검색, 출입국 심사, 면세상품 구입 등의 과정까지 모두 끝내면 비로소 항공기에 탑승하기 위해 항공권에 명시된 해당 탑승 게이트로 이동하게 된다. 그곳에는 게이트를 통해 입·출국하는 고객들에게 안내서비스를 하는 항공기 탑

승안내원이 대기하고 있다.

항공기 탑승안내원은 탑승 준비가 완료된 해당 항공기의 출발시각, 운항노선, 탑승구 번호를 확인해 탑승시간을 안내하고, 만일 탑승시간 변경, 게이트 변경 등이 있으면 이를 알리고, 특별 서비스가 필요한 승객들(VIP나 장애인, 노약자 등)에게는 탑승서비스를 제공하기도 한다.

2. 탑승수속 사무원과 항공기 탑승안내원이 하는 일

탑승수속 사무원은 항공기의 시간별 예약 및 운항 상황을 확인하고 있어야 한다. 그리고 고객이 항공기 탑승을 위하여 구입한 항공권(혹은 항공예약권)을 보고 예약사항이나 비자, 여권 또는 신분증을 확인하여 출입국 규정에 맞는지 확인하는 일을 먼저 한다. 다음으로 승객의 수하물 포장상태, 내용물 등을 확인하고 노트북과 배터리, 기내 반입 금지물품 등에 대한 사항을 체크한다. 그리고 무게를 측정하여 자료를 입력하고 수하물표를 출력·발행한다. 초과 중량이 발생하면 이에 대한 요금을 계산한다. 항공기 내 좌석을 지정해 탑승권을 발권해 주고, 마지막으로 승객에게 탑승 방법 및 게이트 이동시간, 탑승 준비시간 등을 안내한다.

항공기 탑승안내원은 탑승준비가 완료된 해당 항공기의 출발시각 및 운항노선, 탑승구 번호를 확인하고 방송실에 탑승 안내방송을 요청한다. 탑승 시간이 되면 탑승하려는 승객과 탑승권 일치 여부를 확인한 후 기내탑승을 안내한다. 이 과정에서 탑승수속이나 보안문제가 있는 승객을 구분하여 다시 수속을 밟도록 안내하기도 한다. 탑승이 완료되면 인원을 확인하여 소속 항공사에 통보한다.

61

3. 탑승수속 사무원과 항공기 탑승안내원이 되는 방법

탑승수속 사무원과 항공기 탑승안내원은 모두 해당 항공사 소속의 직원이다. 항공사에 따라 약간의 차이는 있지만, 국내 및 외국 항공사 대부분 전문대학 이상의 학력 소지자를 뽑으며 정해진 채용 시기가 있다기보다는 인원에 결원이 생기거나 할 때 수시 채용을 통해 뽑는 경우가 많다. 항공사들은 보통 지상직 채용으로 모집을 하는데 이렇게 입사하게 되면 순환보직을 통해 탑승수속 업무, 탑승안내 업무, 발권 업무 등을 수행하게 된다.

4. 탑승수속 사무원과 항공기 탑승안내원의 근무 여건 및 전망

탑승수속 사무원과 탑승안내원이 하는 일은 언뜻 어려움이 없이 기계적인 일처럼 보이지만, 실제로는 승객들이 항공기에 오를 때까지 안전하고 신속한 탑승을 위해 긴장을 놓칠 수 없다. 만일 불미스러운 상황이 발생하게 되면 비행시간이 미뤄지게 되고 운항 스케줄에 큰 차질이 생기기 때문이다. 따라서 비상상황에 재빨리 대처할 수 있는 순발력도 갖추어야 한다.

탑승수속 사무원은 고객의 문의에 바로 응대할 수 있도록 각 나라의 출입국 규정이나 운송관련 정보, 공항기상 등 다양한 항공 관련 지식을 습득하고 있으면 좋다. 또한 외국인을 많이 상대하는 만큼 기본적으로 의사소통이 가능할 정도의 언어능력을 갖추고 있어야 한다. 항공 스케줄에 맞춰 교대근무를 하는 것이 보통이며 대부분의 시간을 서서 근무하며 수하물 등을 드는 일등을 반복해서 하기 때문에 체력적인 강인함도 요구된다.

국토교통부 조사 결과 2015년 기준 국내 및 국제 항공 여객수는 8,941만 명을 기록했다. 이것은 4년 전인 2011년에 비해 40% 증가한 것이다. 2000년 후반부터 등장한 저비용항공사(LCC) 중심으로 신규노선이 생기고 운항이 확대되었기 때문이다. 여행객 수요가 증가하면 당연히 항공기 운항횟수 역시 증가하고 탑승수속 사무원 및 항공기 탑승안내원의 수요와 업무량도 일정 부분 증가할 것으로 보인다.

05
공항 보안검색 요원

1. 공항 보안검색 요원이란?

해외여행이나 국내여행을 위해 공항을 이용하는 승객들은 탑승수속과 수하물을 부치고 난 후 항공기에 탑승한다. 그리고 항공기에 오르기 전에 비행 중의 사고를 방지하기 위해 가방 및 소지품을 검색받는다. 이때 검색하는 일을 하는 사람을 공항 보안검색 요원이라고 한다.

보안검색 요원들은 항공기와 승객의 안전을 최전선 현장에서 책임지고 있어 '공항안전 최후의 보루'라 불리기도 한다. 이들은 경찰관 같은 공무원 신분은 아니지만, 별도의 제복을 입고 근무한다. 항공기를 이용하는 승객은 항공보안법에 의해 항공기 탑승 전뿐만 아니라 공항보안구역(Air Side)을 출입할 때도 누구든 보안검색 요원들의 검색에 응

해야 한다.

공항 보안검색의 중요성이 부각되기 시작한 것
은 미국 2001년에 발생한 9 · 11 테러 때부터이다.
2001년 9월 11일 알카에다 조직원들이 4대의 항공기를
납치해 자살테러를 한 사건으로 뉴욕의 110층짜리 세계무역
센터(WTC) 쌍둥이 빌딩이 무너지고, 워싱턴의 국방부 청사인 펜타곤이 공격을 받는 대
참사가 발생했다.

9 · 11 테러 직후 세계 모든 공항은 인력을 보강하고 장비를 개선하는 등 보안검색을
강화했다. 비행기 내에 화장품과 생수 등 액체 반입도 금지되었다.

2. 공항 보안검색 요원이 하는 일

공항 보안검색 요원은 비행기를 이용하는 승객이라면 반드시 만나야 하는 직종 중
하나다. 현재 인천국제공항을 비롯한 우리나라의 모든 공항에는 보안검색 요원들이 배
치되어 있다. 보안검색 요원들은 체계적인 교육훈련을 받고 항공보안 전문직으로서 사
명감을 갖고 근무하고 있다. 이 때문에 국내공항에서는 아직 한 건의 테러도 발생하지
않았다.

항공 보안은 크게 항공 보안검색과 경비보안으로 나뉜다. 항공 보안검색은 승객과 직원(객실 승무원)들을 대상으로 출입국 시 신체검사 및 수하물을 검사하는 업무이다. 요원들은 승객들이 몸속에 폭발물 등을 숨겼는지 금속 탐지기로 신체검색을 한다. 또한 휴대용 물건은 X선 촬영으로 검색한다. 폭발물의 경우 폭발물 흔적 탐지기(ETD), 전신 검색기 등 다양한 특수 장비들을 사용해 꼼꼼히 살핀다. 또한 통합

판독실에서 앞서 체크인 카운터에서 처리한 위탁수하물에 대한 엑스레이 업무도 수행하는 1차 보안과 항공테러 위험성이 높은 미주 구간 항공을 이용하는 승객들의 경우 게이트에서 한 번 더 보안업무를 진행하며, 기내 수색 및 여권 확인도 진행하는 2차 보안으로 나눌 수 있다.

그리고 경비보안은 출국장 입구에서 출국하는 승객들의 인적사항 확인 및 출입을 통제하는 역할을 한다. 또한 활주로 및 공항 외곽을 경비하는 업무도 진행하는 일반 경비보안과 전투복을 입고 공항 내외 경비 및 출입통제, 5분 대기조 업무를 수행하는 특수보안으로 나뉜다.

3. 공항 보안검색 요원이 되는 방법

공항 보안검색 요원은 승객의 안전을 보장하는 만큼 전문성과 투철한 사명감을 가져야 하며, 전문적인 업무 지식도 갖추고 있어야 한다. 또한 보안검색 업무는 혼자 하는 업무가 아니라 팀 단위의 소그룹 형태로 이뤄지기 때문에 조직원들 간의 상호 신뢰와 조화도 필요하다.

공항 보안검색 요원이 되려면 항공보안법과 경비업법에 규정되어 있는 엄격한 자격 기준을 통과하고 교육 훈련을 받아야 한다. 자격증 취득이나 관련 교육은 한국공항공사나 인천국제공항공사에서 국토교통부로부터 보안검색 위탁업체로 지정받은 협력업체의 채용공고에 응시한 후에야 가능하다. 합격하면 약 2주간의 특수경비원 신임 교육을 수료하게 되고, 이후 보안검색 운영자 초기교육 1주, 보안검색 현장직무교육 2주, 보안검색 요원 인증평가를 받아야 한다.

특히 항공 테러를 예방하는 데 필요한 전문성을 확보하고, 승객의 안전을 담보하기

위해서 인증평가는 자격 취득 후 매년 정기교육을 이수하고 테스트에 합격해야 자격이 유지되고 보안검색 요원으로 계속 근무할 수 있다.

보안검색 요원은 정기적으로 취업 포털사이트와 해당 업체 홈페이지를 통해 공개 모집하고 있다. 응시조건 중 학력은 항공 보안업체마다 약간씩 다르다.

4. 공항 보안검색 요원의 근무 여건 및 전망

9·11 테러 이후 공항에 대한 보안이 대폭 강화되고 있어 전문대학 등에 관련 학과도 많이 늘어나고 있다. 또한 우리 국민들의 해외여행이 대중화됨에 따라 보안검색에 대한 수요는 날로 증가하고 있다. 특히 인천국제공항의 경우 제2여객터미널이 2018년 1월에 개장함에 따라 수요가 더욱 많아졌다.

인천국제공항공사가 운영하는 인천국제공항에 약 1,900여 명을 비롯해 한국공항공사가 운영하는 김포공항과 김해공항, 제주공항 등 전국 14개 공항에도 보안요원이 배치되어 있으며, 공항과 별도로 대한항공과 아시아나항공 등도 기내검색과 화물검색을 위해 요원을 고용하고 있다. 국내에 전체적으로 약 4,000명 정도 공항 보안검색 요원이 있는 것으로 파악된다. 이들이 24시간 교대로 공항 등에서 근무하고 있다.

과거에는 경찰이 공항 보안검색을 했고, 이후 항공사가 보안검색 요원을 고용한 뒤 경찰이 관리·감독을 했다. 2001년 인천국제공항 개항 후에는 보안검색을 아웃소싱해

서 외주업체에 위탁 운영토록 했고, 공항 운영자인 공항공사가 관리권을 가졌다. 그리고 경찰은 2차 관리·감독 권한을 갖고 있다.

2017년 12월 이전까지 보안검색 요원들은 공항 운영자인 한국공항공사와 인천국제공항공사에서 직접 고용하지 않고 모두 보안검색 위탁업체에 고용된 간접 근로자들이었다. 그러나 항공보안법은 보안검색을 '불법방해행위를 하는 데에 사용될 수 있는 무기 또는 폭발물 등 위험성이 있는 물건들을 탐지 및 수색하기 위한 행위'로 규정하고 있으며, 앞서 2017년 7월 직접고용 정규직으로 전환된 폭발물처리반(EOD)외에도 보안검색 관련 종사자들이 모두 정규직을 희망했다.

이런 여론과 정부정책에 힘입어 2017년 12월 26일 인천공항공사는 정규직 계획을 발표했다. 국민의 생명·안전과 밀접한 관련이 있는 소방대와 보안검색 분야의 비정규직 3,000명을 인천공항공사가 직접 고용키로 했다. 나머지 비정규직 7,000명은 자회사 소속의 정규직으로 전환했다. 참고로 업무와 관련된 보안 및 안전 자격증 취득자, 어학 자격증 소지자는 별도의 자격수당을 받는다.

06
출입국 심사관

1. 출입국 심사관이란?

출입국 심사관은 비자 및 여권 등을 확인하여 출국 및 입국을 허가해 주는 일 등을 한다. 주로 공항이나 항만, 출입국 사무소에서 국·내외국인의 출국심사와 입국심사 업무(여권검사 등), 비자발급, 외국인체류심사, 국적취득에 대한 업무, 출입국사법처리, 제증명발급 등의 업무를 수행하며 법무부 소속 공무원이다. 일반적으로 9급, 7급 국가직 공무원 시험을 통해 해당 직업을 얻을 수 있으며, 과거에는 특정 언어를 잘하거나, 무술 유단자를 특별 채용하기도 했다.

2. 출입국 심사관이 하는 일

외국인 체류 비중이 커지면서 입국하는 사람들이나 출국하는 사람들을 꼼꼼히 살펴 출·입국 허가 여부를 결정하는 일을 하는 사람이 출입국 심사관이다. 여권인식기(MRP: Machine Readable Passport)를 이용하여 출·입국하는 내국인과 외국인들의 신분 및 여권에 이상이 없는지 확인하는 일을 한다. 실제로 출입국 심사관은 출국하는 사람보다는 입국하는 사람에 더 많은 신경을 쓴다. 주로 외국인의 입국과 관련한 업무에 초점을 둔다. 특히 국제적인 테러나 외국인 범죄, 마약 범죄 등이 계속 증가하고 있어 입국 심사 업무가 매우 중요해졌다. 과거에는 이런 이유로 과거에는 입국 심사하는 데에 많은 시간이 걸렸으나 지금은 과학기술의 발달로 오늘날은 훨씬 간단하고 쉬워졌다. APIS(Advanced Passenger Information System, 미국 사전 입국심사제도)의 도입으로 항공기가 도착하기 전에 출발 항공사로부터 탑승객의 인적사항 등 관련 정보를 미리 받아 분석한 후 입국심사를 진행할 수 있게 되었기 때문이다. 이런 정보를 통해 위조 및 변조된 여권이나 비자 등을 감식하고 출국금지 및 입국금지자, 의심되는 승객 등을 심사실로 이동시켜 입국 목적 및 과거행적 등을 조사하여 재심사하는 일 등 입국심사 소요시간을 크게 단축되었다.

3. 출입국 심사관이 되는 방법

출입국 심사관이 되기 위해서는 먼저 출입국 관리직 시험에 합격해야 한다. 출입국 관리직 공채시험은 인사혁신처에서 주관하고 있는데 보통 연초에 채용공고를 한다. 특별 채용시험은 법무부에서 주관하고 필요에 따라 수시로 공고, 채용하고 있다. 응시직급은 9급~5급이며 학력 제한은 없다. 연령은 9~8급은 18세 이상이고, 7~5급은 20세 이상이다. 9급 공무원 출입국관리직 시험과목의 필수과목은 국어, 영어, 한국사이며, 선택과목은 사회, 과학, 수학, 행정학개론, 행정법총론, 국제법개론 중 2과목을 선택해서 시험을 보게 된다. 7급의 경우 국어(한문), 영어, 한국사, 행정법, 헌법, 국제법, 형사소송법을 선택과목 없이 필수과목으로만 모든 시험을 치러야 한다.

중국어, 일본어 및 기타 특수 외국어 능력 우수자와 불법체류자 단속 등의 업무를 수행할 무술유단자 등을 선발하기 위해 특채를 실시하기도 한다. 특채는 채용목적에 따라 시험과목이 다르기 때문에 시험공고를 확인한 후 준비해야 한다. 실제 법무부는 2017년 7월에는 무도분야 15명, 중국어분야 10명, 태국어분야 8명, 베트남어분야 2명을 모집했다. 이들은 채용 후 출입국사범 단속 및 조사, 외국인 보호시설 보호 및 계호, 출입국심사 및 체류관리 등 출입국관리업무 전반을 담당하게 된다. 이 경우 분야별 시험방법은 무도분야는 한국사, 영어와 면접이었으며, 외국어 우수자는 한국사, 선발 분야별 외국어와 면접이었다.

출입국 심사관은 수많은 사람들을 상대해야 하며 특히 외국인에게는 우리나라로 들어와서 만나는 첫 한국인이기 때문에 한국의 이미지를 대변하는 역할을 한다는 책임감이 필요하다. 또 외국인의 재심사나 인터뷰 등을 수행할 때 대화를 잘 이끌어나갈 수 있는 상담능력과 외국어 실력도 요구된다. 신분증의 위조나·변조 여부를 살펴보는 일이 주 업무이기에 이상이 없는지 확인하는 꼼꼼하고 세심한 성격이 잘 맞는다.

4. 출입국 심사관의 근무 여건 및 전망

출입국 관리소 직원이 근무하는 공항은 인천, 김포, 김해, 대구, 청주, 무안, 양양 국제공항이다. 출입국 관리소 직원들은 일부 사무실에서도 근무하지만, 대부분 전국의 공항과 항만 등에서 일한다. 출입국 심사관의 약 1/3 정도가 근무하는 인천국제공항의 경우 이착륙하는 항공기가 야간 및 새벽에도 많기 때문에 항공기 운항시간에 맞춰 교대근무를 해야 하며, 공항 일정에 따라 야간근무나 휴일 근무도 해야 한다. 법무부 소속의 국가 공무원이기에 공무원 보수 규정을 따른다. 월급은 매년 다시 책정된다. 국가 공무원 직급체계에 따라 '9급 → 8급 → 7급 → 6급 → 5급 → 4급 → 고위 공무원' 순이며, 정년은 60세이다.

중국이나 동남아시아 지역 외국인의 국내 여행 수요가 증가하고 있고, 주 5일 근무제 확대로 내국인의 해외여행도 증가하고 있다. 이런 여행객 수요의 꾸준한 증가세는 출입국 심사관의 고용을 증가시키는 요인이 되고 있다.

하지만 이러한 증가요인에도 불구하고 출입국 심사관 역시 공무원이기에 이들의 일자리는 정부의 인력정책에 따라 좌우된다. 또한 기술의 발전으로 입출국 시스템이 변화하는 등 업무 시스템의 변화로 예전보다 일을 처리하는 속도가 빨라지고 있다.

과거에는 공항이나 항만을 이용해 출·입국하는 모든 내·외국인은 출입국심사관에게 여권을 제시하고 출입국심사를 받아야 했다. 그런데 법무부는 지난 2008년 6월 자동출입국심사를 도입했다. 2017년 현재 사전 등록 절차도 폐지되면서 이용객이 급증해 전체 출입국 인원 대비 29.8%가 자동출입국심사를 이용하고 있다. 아울러 탑승권 없이 출입국심사대를 강제로 여는 등의 사고를 막기 위해 탑승권 정보가 없는 여권을 인식하면 아예 문이 열리지 않도록 시스템을 바꿨다. 현재 자동출입국심사대는 인천국제공항 72대, 김해국제공항 13대, 김포공항 6대, 제주·청주공항 각 4대, 인천항 7대, 부산항 5대 등 모두 111대가 설치돼 있다. 법무부는 출입국자수의 지속적 증가에 대비해 자동출입국심사대를 늘릴 방침이다. 아울러 제주국제공항에서 시범 운영 중인 외국인 여행객 출국 시 자동심사대를 이용하는 서비스를 2018년 하반기부터는 외국인 단체여행객으로 확대할 방침이다. 따라서 승객의 증가에 따라 늘어나는 업무를 기계의 도움으로 소화할 수 있게 되었으며 승객증가와 비례하여 일자리가 늘어날 것을 기대하기는 어려울 전망이다.

5. 출입국 심사관의 직업적 전망

출입국 관리직 공무원 중 1/3 이상이 인천국제공항에서 근무하고 있는데 이는 국내외를 출입하는 사람들이 인천국제공항을 가장 많이 이용하기 때문이다. 한류열풍 영향으로 중국이나 동남아시아 지역 외국인의 국내 여행 수요가 증가하고 있고, 주 5일 근무제 확대로 내국인의 해외여행도 증가하고 있다. 여행객 수요의 꾸준한 증가세는 출입국 심사관의 고용을 증가시키는 요인이 되고 있다.

하지만 이러한 증가요인에도 불구하고 출입국 심사관 역시 공무원이기에 이들의 일자리는 정부의 인력정책에 따라 좌우된다. 또한 기술의 발전으로 입출국 시스템이 변화하는 등 업무 시스템의 변화로 예전보다 일을 처리하는 속도가 빨라지고 있다. 승객의 증가에 따라 늘어나는 업무를 기계의 도움으로 소화할 수 있게 된 것이다. 따라서 승객 증가와 비례하여 일자리가 늘어날 것을 기대하기는 어려울 전망이다.

71

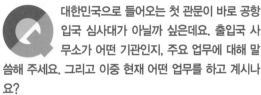

Q 대한민국으로 들어오는 첫 관문이 바로 공항 입국 심사대가 아닐까 싶은데요. 출입국 사무소가 어떤 기관인지, 주요 업무에 대해 말씀해 주세요. 그리고 이중 현재 어떤 업무를 하고 계시나요?

출입국 관리사무소는 법무부 소속 출입국 외국인 정책 본부 산하 행정기관입니다. 전국적으로 42개의 출입국 관리사무소와 2개의 보호소 및 1개의 센터가 있고요. 출입국 관리 공무원이 되면 본부 또는 45개의 출입국 기관에서 근무를 하게 됩니다.

출입국 관리 공무원은 보통 많이 알고 있는 출입국 심사업무 이외에도 사증(VISA), 체류관리, 조사, 이민통합, 난민, 국적업무 등 매우 다양한 일을 합니다.

먼저 사증발급 업무를 살펴볼까요? 요즘 우리나라에서 흔히 볼 수 있는 원어민 교사, 프로 스포츠의 용병선수, 외국인 연예인, 유학생 등은 어떠한 절차를 거쳐 한국에 입국했을까요? 우리나라에 입국하기 전 본국에 있는 한국 영사관에서 사증(VISA)을 발급받아 입국하는데, 사증업무는 국익에 저해되거나 저해될 우려가 있는 외국인들의 입국을 사전에 예방하는 기능이 있습니다.

즉 입국 규제자, 불법체류 가능성 등이 있는 외국인들에 대해 사증발급을 불허함으로써 우리나라 입국을 원천 봉쇄할 수 있는 기능이 있습니다. 사증발급 권한은 법무부 장관에게 있으며, 우리나라에 자주 출입국하거나 사증발급 신청자가 많은 국가 중 일부 공관에는 법무부 소속의 출입국 관리 공무원을 직접 파견하여 사증을 발급하고 있습니다.

다음은 공항에서 여권에 도장(Stamp)을 찍어 주는 것으로 알고 있는 출입국 심사업무입니다. 국내에서 범죄 등을 저지른 후 해외로 도주 우려가 있는 사람에 대해 출국금지를 요청했다는 뉴스를 보신 적 있죠? 이처럼 출국을 금지당한 사람이나 입국이 금지된 사람, 밀입국 기도자 등 국익에 해로운 영향을 줄 수 있는 사람들의 출입국을 막는 것이 출입국 심사업무입니다. 공항이나 항만에서 국민이나 외국인이 제출한 여권으로 본인 여부, 사증소지 및 유효 여부, 규제자 여부 등을 확인하여 출국과 입국의 적격을 결정하는 일이라 할 수 있지요.

또한 체류 관리업무가 있습니다. 우리나라에 머무는 원어민 영어교사, 용병 프로선수, 결혼 이민자, 외국인 요리사, 외국인 연예인 등은 각기 체류자격이라는 것을 가지고 있습니다. 즉 외국인은 국민과 달리 국내에서 체류자격과 체류 목적에 맞게 활동을 하여야 하는 규약이 있습니다. 따라서 체류 관리업무란 국내에 거주하는 외국인들이 체류 목적에 따라 정당하게 활동하고 있는지를 관리하고 체류질서를 확립하기 위한 것이라 할 수 있습니다.

출입국 관리 공무원이 되고 싶은 청소년들은 **평소 예의 바른 행동**으로 다른 사람들에게 **좋은 인상을 줄 수 있도록** 노력하면 좋겠습니다.

이 밖에도 조사업무를 하는데 불법체류자 단속이 대표적인 업무입니다.

최근 유럽뿐만 아니라 우리나라에서도 난민 문제가 이슈가 되고 있는데요. 우리나라에 난민신청을 한 외국인 중 난민으로 인정할지 말지를 결정하는 난민업무도 있으며, 외국인의 경우 일정 기간 국내에서 거주하면 우리나라 국적을 신청할 수 있는데 국적신청을 한 외국인을 우리나라 국민으로 받아들일지 말지를 결정하는 귀화심사를 비롯해 내·외국인의 국적 취득, 상실, 이탈, 선택 등 우리나라 국적과 관련된 모든 업무를 수행하고 있습니다.

외국인들이 입국 전후, 그리고 국민이 되기까지 단계별로 일련의 과정과 단계를 거치도록 각각의 업무가 상호 연계되어 있습니다. 즉, 외국인의 사증발급에서 국민이 되기 전까지 외국인과 관련된 종합적인 행정업무를 수행, 관리하고 있습니다. 저는 이 중에서 출입국 심사관으로 일하고 있습니다.

출입국 심사관이 하는 일은 무엇인가요?

인천공항 출입국 관리사무소에는 약 680여 명의 직원들이 근무하고 있는데, 이 중 약 500여 명이 출입국 심사업무를 담당하고 있

으며, 나머지는 출입국 심사업무를 지원하는 일을 하고 있습니다.

저는 하루 평균 약 1천여 명의 탑승객들을 1 대 1로 대면하여 출국 또는 입국을 결정하는 출입국 심사업무를 하고 있습니다. 국경 최전선에서 국가의 안전을 굳건히 지키는 국경 수비대로서의 역할이 저의 하루 일과이자 임무라 할 수 있습니다. 출입국 심사업무는 테러리스트나 밀입국 기도자 등 국익에 해를 끼칠 가능성이 큰 외국인에 대해서는 엄정하고 정확한 심사로 입국을 사전에 봉쇄하는 한편, 선량하고 정상적인 출입국자에 대해서는 친절하고 신속한 출입국 심사 서비스를 제공하는 양면적인 성격을 가지고 있습니다.

출입국 심사관이 되기 위해 필요한 자질과 능력은 무엇인가요?

공항은 우리나라의 국경이라고 할 수 있습니다. 출입국 심사관이 하는 일은 국경을 지키는 일이라 할 수 있으므로 애국심과 사명감, 봉사 정신이 필요하다고 생각합니다. 또한 출입국 심사관은 외국인들을 자주 대면해야 하는 직업적 특성상 포용성과 개방적인 마인드가 필요하고, 국적이나 인종, 지위를 막론하고 모든 외국인을 공정하게 대할 수 있는 공정성이 필요합니다. 마지막으로 외국인들과 소통하고 원활한 업무처리를 위해서는 외국어 능력이 필요합니다.

어떤 과정을 거쳐 되셨나요?

출입국 심사관 또한 일반직 공무원과 마찬가지로 공채시험을 통해 채용하기 때문에 특별한 과정이나 자격을 필요로 하지는 않습니다. 공채의 종류에는 5급, 7급, 9급 시험이 있습

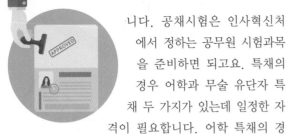

니다. 공채시험은 인사혁신처에서 정하는 공무원 시험과목을 준비하면 되고요. 특채의 경우 어학과 무술 유단자 특채 두 가지가 있는데 일정한 자격이 필요합니다. 어학 특채의 경우 각 언어별 일정 수준 이상의 공인 어학성적이 필요하고, 무술 특채의 경우 각 종목별 일정 수준 이상의 공인 자격증(단증)이 있어야 합니다. 공채시험의 경우 거의 매년 실시되지만, 특채시험의 경우 부정기적으로 실시되고 있는데 어학특채의 경우 2008년, 무술특채의 경우 2010년 이후 실시되지 않고 있습니다.

참고로 특채를 실시하는 이유는 출입국 업무 특성상 외국인 대면업무가 많고 특히 외국어가 필수적으로 요구되는 업무가 있어 영어, 중국어, 러시아어, 베트남어, 타이어, 몽골어 등의 어학 특기자들을 채용합니다. 그리고 불법체류자 단속 등과 같은 업무의 경우 관련법과 규정에 따라 무력으로 제압을 해야 할 상황도 생기기 때문에 태권도, 유도, 합기도 등의 유단자를 채용하는 것입니다.

Q 이 일은 언제 처음 시작하셨고, 어떻게 출입국 관리소 공무원이 될 생각을 하셨나요?

2009년 9월에 입사했습니다. 어릴 적부터 공무원에 대한 꿈이 있었습니다. 대학 때 영어영문학을 전공했는데 제가 가지고 있는 외국어 특기로 무슨 일을 할 수 있을까 찾아보다가 출입국 관리소를 택했습니다.

Q 출입국 심사관이 되고 싶은 청소년들에게 한마디 해주세요.

출입국 심사관은 외국인들이 느끼는 우리나라의 첫인상입니다. 다시 말해서 출입국 심사관의 첫인상이 우리나라의 전체 이미지를 결정하는 데 중요한 역할을 하는 것이지요. 그리고 첫인상을 결정하는 가장 중요한 요인은 예의라고 생각합니다. 출입국 관리 공무원이 되고 싶은 청소년들은 평소 예의 바른 행동으로 다른 사람들에게 좋은 인상을 줄 수 있도록 노력하면 좋겠습니다. 예의 바른 사람이 되려면 가까운 사람들, 먼저 가족과 친구들부터 소중하게 여기는 자세가 필요합니다.

Airport

07 공항 세관원

1. 공항 세관원이란?

통관이란 관세법에서 정한 절차대로 물품을 수출·수입·반송하는 것으로, 세관이란 우리나라로 들어오거나 나가는 모든 물품을 통관하는 곳을 말한다. 세관 업무를 담당하는 세관원은 마약이나 밀수품 등 국민건강을 해치는 물품을 단속하며, 일정액 이상의 외화유출 및 유입을 방지하는 업무를 담당하고 있다. 세관원은 기획재정부 소속 국가 공무원이다. 현재 우리나라는 관세청장 산하에 서울, 인천국제공항, 인천, 부산, 대구, 광주 등 6개의 본부 세관이 있으며, 전국에 총 40개의 세관이 있다. 전국 8개 국제공항에 세관 직원이 근무한다.

2. 공항 세관원이 하는 일

세관의 주요 업무는 화물의 수출입 통관, 여행객 수하물 검사, 여행자 휴대품 통관, 안보 위해 물품 조사 및 감시 등의 일을 한다. 인천국제공항 세관의 경우 관세청에 있는 6개의 본부 세관 중 한 곳으로 현재 1,000여 명이 근무하고 있다.

(1) 감시과는 판독요원으로 활약

인천국제공항 세관 감시과에서는 판독요원들이 엑스레이 판독을 통해 위험물질이나 고가의 밀반입 물품을 찾아낸다. 인천국제공항 입국장에는 80명의 판독요원이 2개 조로 나눠 격일제 근무를 하고 있다. 하루 40명이 400여 대의 비행기에서 하역되는 화물과 수하물의 안전을 책임지고 있다. 인천국제공항 판독요원들의 판독능력은 세계 최고로 평가받는다. 이들은 국경을 책임진다는 마음가짐으로 모니터에 집중하며, 매의 눈으로 수하물 한 개당 3.5초면 판독이 끝난다.

판독요원이 되기 위해서는 먼저 이론과 현장 교육을 거쳐야 한다. 한 달간 베테랑 선배와 함께 근무하며 단계별로 업무를 익히는 과정을 통과해야 5개월째부터 단독 근무를 할 수 있다. 명품이나 고급 양주 등의 진품과 짝퉁을 단번에 구별하는 능력은 기본에 속하며, 심지어 마약을 적발해 내기도 한다.

이러한 판독요원은 철저한 자기관리가 중요하다. 장시간 근무를 하기 때문에 체력이 뒷받침돼야 하고, 무엇보다 눈 관리에 신경을 많이 써야 한다.

(2) 납세심사과는 수입신고서 검토 및 세금 추징

인천국제공항 세관 납세심사과는 수입통관 이후에 발생하는 모든 관련 업무를 처리하는 곳으로 크게 수입신고를 사후에 심사하는 심사정보분석팀과 소송을 담당하는 쟁송전담팀으로 나눈다. 납세심사과는 수입신고 건별로 사후 심사를 하는 것은 물론 납세자의 조세 불복에 따른 심판청구와 소송업무를 수행하고, 통관 후에는 납세자가 납부기한 내에 세금을 납부하지 않을 경우 체납을 관리하는 등의 업무를 진행한다. 또 수출용 원재료에 대한 관세 환급과 자유무역협정(FTA) 이후 적용신청에 대한 처리도 담당하고 있다.

심사정보분석팀에서는 수입업자가 수입제품에 대한 신고서를 제출하면 수입업자의 업무 편의를 위해 그대로 통관시킨다. 이후 품목 분류는 제대로 됐는지, 과세 가격은 적정한지를 분석한다. 심사정보분석팀에서 하루 동안 분석하는 수입신고서는 3만~3만 5,000건에 달한다. 한 명당 평균 최대 5,000건의 수입신고서를 분석해야 한다.

심사정보분석팀은 매달 1,800건가량의 잘못된 수입신고서를 찾아내고, 매달 평균 8억~9억 원가량의 놓칠 뻔한 세금을 추징한다. 경우에 따라서는 세금을 돌려주기도 한다. 처음에 일정 수준의 관세를 부과했지만, 납세자의 이의제기가 있었고 그것이 타당하다고 결론이 나면 받았던 세금을 돌려준다.

심사정보분석팀이 놓친 세금을 다시 확보하는 데 주력하고 있다면 쟁송전담팀은 세금이 밖으로 빠져나가는 것을 방지하기 위한 다소 방어적인 입장을 취하고 있다. 대형 법무법인을 내세워 세금을 조금이라도 덜 내려는 납세자를 상대로 싸워야 하는 만큼 많은 법률지식을 알고 있어야 한다.

인천국제공항의 납세심사과는 국민건강에 해가 될 가능성이 있는 동식물에 대해서는 정상적인 수입통관 절차를 밟았다고 하더라도 통관을 보류하며 최전선에서 국민건강을 보호하는 역할도 한다.

3. 공항 세관원에게 필요한 능력과 되는 방법

공항 세관원에게 가장 필요한 자질과 능력은 인성과 외국어 능력이다. 업무 자체가 서로 협력해야 하는 일인 만큼 타인을 배려하고 솔선수범할 수 있는 인성을 가진 사람이라야 조직이 원활하게 돌아갈 수 있다. 더욱이 관세청의 경우 자신이 거주하고 있는 지역을 위주로 순환근무를 시키기 때문에 2년에서 3년이 지나면 해당 직원에 대한 평을 해당 지역 직원 모두 다 알 수밖에 없으므로 평소의 업무태도가 인사고과뿐만 아니라 근무를 하는 데 영향을 끼칠 수밖에 없다. 또한 외국인들을 많이 상대하는 만큼 외국어 능력도 필수 요소이다.

그리고 세금을 제대로 부과하기 위해 직원들은 최신 정보기술(IT) 제품에 대해 늘 공부를 해 두어야 한다. 통관되는 제품 중 상당수가 IT 품목인데, 해당 제품은 물론 그 제품을 구성하고 있는 부품까지도 이해하고 있어야 적정한 수준의 세금을 결정할 수 있기 때문이다.

세관 공무원이 되려면 국가공무원 임용시험을 봐야 한다. 응시직급은 9급~5급이며 학력 제한은 없다. 연령은 9~8급은 18세 이상이고, 7~5급은 20세 이상이다.

4. 공항 세관원의 근무 여건과 전망

세관 직원은 전국의 국제공항, 항만 등에서 근무한다. 세관 직원이 근무하는 국제공항은 인천, 김포, 김해, 제주, 대구, 청주, 무안, 양양 국제공항이며, 8개 국제공항에서 약 760명이 근무한다. 일부 세관 직원들은 사무실에서도 근무하지만 대부분 공항 입국장에서 검사업무를 담당하므로 항공기 운항시간에 맞춰 교대근무를 한다.

월급은 국가 공무원의 보수 체계를 따르며, 정년은 60세이다.

공항 세관원은 납세자를 대상으로 세수를 확보하는 것이 주된 일인 만큼 애로사항도 많다. 세금추징에 불만을 품은 납세자의 항의전화, 항의방문, 직원을 상대로 소송을 제기하는 사례도 빈번하게 발생하기 때문이다.

직원이 상대적으로 모자라는 것도 힘든 점 중 하나다. 최근 해외직구가 급증하면서 사후처리도 폭발적으로 늘어나고 있어 직원들의 업무에 대한 피로도 늘고 있다. 인원이 지금보다 많이 늘어나야 업무가 효율적으로 돌아갈 것이라는 게 현장의 목소리다.

공항 세관원들은 주말이나 휴가철, 명절과 같이 많은 여행객이 오가는 시기에는 거의 쉴 수가 없다. 하지만 그 외 기간에는 비교적 업무가 많지 않고, 여유롭다는 장점이 있다.

신공항의 개설, 기존 공항의 확장, 활발한 국제교류로 물품 및 사람들의 국제적인 이동이 활발해지면서 세관 업무는 하루가 다르게 증가하고 있다. 향후 항공 산업은 계속 발전할 것으로 예상된다. 공항 세관원은 공무원이기 때문에 정부의 정책에 따라 일자리가 결정되므로 업무량이 증가한다고 해서 당장 인력이 증가하는 것은 아니지만 공항세관원의 고용에 긍정적인 영향을 미칠 것으로는 보인다.

인천 세관 수입통관

김시은

어떤 일을 하시나요?

공항을 통해 우리나라에 수입되는 물건들, 기업이 수입하는 물건이나 이른바 '직구'라고 하는 인터넷 쇼핑을 통해 해외에서 직접 구매하는 물건들을 검사하고 있습니다. 이 물건들이 통관 요건에 적절한지 혹시 수입하는 물품 중 은닉해오는 물건은 없는지 조사하고 있지요. 또 물건이 수입하는 데 있어 적절하다고 판단되면 물건에 대해 적절한 세금이 얼마나 되는지 심사해서 관세를 정하는 업무도 함께 하고 있습니다.

항공을 통해 들어오는 물품들은 주로 어떤 것들인가요?

항만은 주로 농수산물이 들어오는 반면, 항공의 경우에는 급하게 들여와야 할 물건이 대부분입니다. 반도체 관련 제품이나 기계류, 비행기 부품, 기업용 샘플 등이 있습니다.

그럼 수입되는 모든 물건을 검사하시는 건가요? 검사는 어떤 방식으로 이루어지나요?

기업에서 수입신고를 하면 신고된 물건에 대해 먼저 1차 서류검토를 하고, 서류검토를 통해 확인이 필요하다는 판단이 들면 그때 창고에서 물건을 찾아 직접 확인하게 됩니다. 신고가 제대로 됐는지 또 신고된 물품과 일치하는지 확인하죠. 또한 서류상으로 문제가 없더라도 선별대상이 되어서 검사가 진행되는 경우도 있습니다. 그럴 경우 물건을 직접 보면서 하나하나 심사합니다.

이 일을 할 때 갖춰야 할 태도는 무엇이라고 생각하나요?

저는 새로운 걸 배우고자 하는 마음가짐이 가장 중요한 것 같습니다. 습득력이 가장 필요하더라고요. 왜냐하면 여기서 일하는 것 자체가 물건에 대해 검사하고 심사하는 건데 새로운 물건들이 엄청나게 많이 생겨나거든요. 예를 들어 스마트폰만 하더라도 몇 개월 단위로 새로운 기종이 생기는데 새로운 물품은 어떤 식으로 접근하여 심사할 것인가를 결정해야 하고, 그러기 위해서는 그 물건에 대해 모두 알아야 하거든요.

이 일을 시작할 때 가장 힘들었던 점은 제가 기계 분야를 잘 모르는 점이었습니다. 수입되는 물품 중에 공기압 전송기, 밸브, 이런 것들을 심사해야 하는데 뭔지 잘 모르니까 그 분

> 제일 중요한 건 **새로운 것을 배우고자 하는 마음**이에요. 낯선 것, 어려운 것에 대해 알아보는 것을 귀찮아하거나 두려워한다면 일하기 힘들어요.

KOREA CUSTOMS SERVICE

야에 대해 파고들며 공부를 했습니다. 기능은 물론이고 판매대상, 방법 등 두루 파악하고 있어야 합당한 관세를 적용할 수 있으니까요.

수입되는 물건이 어떤 물품인지 미리 알 수가 없기 때문에 어떤 분야든 빨리 배우고 습득하는 능력이 요구됩니다. 또 관세법이나 세계적인 무역 흐름도 빠르게 바뀌기 때문에 항상 경제경향을 파악하고 있어야 합니다.

Q 어떻게 해서 세관원이 되셨나요?

왜 초등학교 사회시간에 '우리나라는 무역 의존도가 높은 나라입니다.' 이렇게 배우잖아요. '우리나라는 지하자원이 별로 없어서 무역이라는 것 자체가 우리나라 경제에 되게 중요한 역할을 하는구나. 나도 커서 중요한 역할을 하고 싶다.' 이런 막연한 생각을 해왔거든요. 그러다가 대학 때 무역학을 전공했어요. 그때 세관의 역할이 얼마나 중요한지 더욱 확실히 알게 됐습니다.

무역이란 재화가 나라와 나라 사이를 왔다 갔다 하는 거잖아요. 그 모든 재화거래에 관여하는 게 바로 세관원이에요. 물건이 들어올 때 우리나라에 들어오기에 적절한 물건인지 확인하고 통관을 할 것인가 말 것인가 결정하게 되는데, 세관에서 볼 때 이게 부적절하다고 결정되면 해외로 다시 반송시킵니다.

Q 세관공무원이 되신지 얼마나 되셨어요? 세관원이 되기 전과 후, 어떤 점이 예상했던 것과 가장 달랐나요?

2014년에 들어왔으니 3년째 근무하고 있습니다. 공무원이라고 하면 흔히 9시 출근, 6시 퇴근할 수 있다고 생각하잖아요? 하지만 공항 세관은 24시간 교대근무를 해야 해요. 밤에도 비행기는 계속 들어오니까요. 특히 항공으로 들어오는 물품은 급하게 필요한 경우가 많아요. 예기치 않게 재고가 소진되었다든가 하여 급하게 주문한 물건들이 대부분이에요. 그래서 밤에도 항상 대기하고 있어야 해요. 새벽에는 반도체나 의약품 등이 많이 들어오는데, 이렇게 긴급으로 수입신고가 필요한 경우 언제든 나와서 직접 검사를 해야 합니다. 어쨌든 24시간 교대근무를 해야 한다는 점이 놀라웠습니다.

Q 이 직업을 선택하려면 어떤 자질이 필요할까요?

제일 중요한 건 새로운 것을 배우고자 하는 마음이에요. 낯선 것, 어려운 것에 대해 알아보는 것을 귀찮아하거나 두려워한다면 일하기 힘들어요. 저희 같은 경우 사무실에서 수입신고서 확인만 하는 게 아니라 창고에 직접 나가서 별의별 물품을 다 확인해야 합니다. 따라서 활동적이고 호기심이 많은 성격이라면 더 재미있게 일할 수 있을 거예요.

인천 세관 휴대품 검사관

김찬기

Q 현재 소속은 어디 신가요? 그리고 휴대품 검사과는 어떤 일을 하는 부서인가요?

관세청 산하 인천 세관 공항 휴대품 검사2관 관세 행정관입니다. 여행자의 휴대품을 검사하는 곳입니다. 고가의 물건에 대해서는 관세를 부과하고, 총포나 도검 등 안보 위험물품은 차단합니다. 또 불법 의약품이나 마약류 밀반입을 막는 역할도 하고 있습니다.

Q 단속 과정은 어떻게 되나요?

탑승객은 비행기에 오르기 전 큰 수하물은 맡기고 작은 가방은 들고 탈 수 있는데, 기탁수하물에 대해서는 모두 엑스레이 검사를 하게 됩니다. 이때 추가검사가 필요한 수하물의 경우 실(seal)을 붙여 표시하는데, 옐로 실은 주류나 핸드백, 시계, 반지 같은 고가품을, 레드 실은 조준경이나 총, 실탄 같은 위험물질에 붙입니다. 우리는 표시된 물품을 개봉하여 눈으로 직접 검사를 합니다.

여행자가 직접 휴대한 가방에 대해서는 선별검사를 하는데 선별검사는 사전정보(첩보)나 주의지역(우범지역)에서 출발하는

비행기들을 기준으로 합니다. 선별검사 방법은 바로 검사대로 인계하는 경우도 있고, 입국장에 있는 엑스레이 검사기로 추가검사를 하기도 합니다.

Q 세관 휴대품 검사관이 업무를 하는 데 있어 가장 필요한 역량은 무엇이라고 생각하시나요?

제 생각에는 의문을 갖는 태도인 것 같아요. 여행객이 한 신고를 다 인정하면 아무것도 알아낼 수 없어요. 그래서 항상 의문을 품고, '이걸 제대로 신고했을까? 이 사람이 적게 신고하지 않았을까? 혹은 미심쩍은 물건을 갖고 있지는 않을까?' 이런 식으로 의심되는 부분이 조금이라도 있다면 계속 의문을 품고 끝까지 확인해야 합니다. 얼마 전에 있었던 일인데, 주의지역에서 비행기를 탄 임신부가 입국을 했어요. 그런데 이 임신부가 당일 출국해서 당일 입국한 거예요. 이 자체가 좀 이상하잖아요. 일반적으로 중국 여행이라면 적어도 2박 3일이나 3박 4일은 돼야 하는데 당일 나갔다 들어온 점이 의심스러워 이온스캔으로 검사를 했어요. 이 온스캔이란 탑승객의 몸이나 소지품에 묻어 있는 미세한 먼지를 채취해 10초 이내에 자동 분석하여 성분을 알아낼 수 있는 장비로 마약이나 폭탄성분을 확인하는 데 편리합니다. 검사 결과, 임신부에게서 메스암

페타민 반응, 즉 마약 반응이 나왔어요. 그래서 물었더니 그 임신부는 "아기를 가진 사람이 무슨 마약을 하느냐, 난 지금 억울하다, 빨리 가야 한다"며 화를 냈어요. 혹시나 해서 손에 이온스캔 검사를 한 번 더 했더니 또 메스암페타민 반응이 나온 거예요. 이럴 때가 가장 난감해요. 게다가 임신부였으니 더욱 조심스러웠죠. 그렇지만 의심할 만한 정황이 나왔기 때문에 조사를 계속했습니다. 사실 마약류는 크기가 작아서 발견하기가 쉽지 않아요. 임신부의 짐과 가방을 모두 조사했는데도 안 나오더라고요. 그래서 신발을 벗을 것을 요청했는데, 구두코 앞부분에 메스암페타민이 들어 있었어요. 양쪽 신발 모두에서 발견되었습니다.

Q **의문이 생기면 반드시 조사해야 하나요?**

그렇습니다. 세관에서 뚫려 국내로 반입되면 찾기가 훨씬 어려워집니다. 공항 입국장은 어찌 보면 최전선이라 할 수 있지요. 여행객들이 신고 없이 고가로 들여오는 물품에 대한 과세로 걷는 관세청의 세수는 0.05% 정도예요. 신고 안 한 고가품을 단속하는 것도 중요하지만 마약류나 불법 의약품 같은 국민의 건강과 안전을 해치는 물품이 반입되는 것을 막는 것이 더 중요한 임무라 할 수 있습니다. 그러기 위해서는 의문을 품고, 항상 궁금해 하고, 문제가 있는 물품을 신속하게 집어낼 수 있는 능력이 필요합니다.

또 문제 있는 물품을 조사하기 위해서는 다양한 지식과 정보가 필요해요. 예를 들어, 고가의 물품은 어떤 종류가 있으며, 왜 가져 오는지, 어떤 식으로 판매되며, 얼마의 차익이 나는지 등의 유통 흐름을 알아야 더 정확하게 세금을 부과할 수 있어요. 고가의 물품을 들여오는 여행객은 어떻게 해서든 세금을 안 내려고 변명을 하는데, 이럴 때 정확한 근거를 대면서 세금징수의 이유를 대야 합니다. 그러기 위해서는 사회 전반적인 흐름을 두루 알고 있어야 하는 거지요.

휴대품 조사업무를 하면서 가장 어려운 점은 무엇인가요?

세금 문제로 여행객들과 씨름하는 일이에요. 세금을 피하거나 감추고 싶은 것이 있는 민원인을 대상으로 하는 업무다 보니 부딪치는 경우가 많아요. 조사할 수 있는 충분한 시간이 있다면 수월하겠지만 공항이라는 특성상 통관이 늦어지면 여행객들이 불편을 겪고 공항 신뢰도나 국가 신뢰도와도 연결되는 문제라서 신속한 조사가 이루어져야 하거든요. 그렇기 때문에 평소 축적된 정보를 바탕으로 빠른 판단을 내릴 수 있어야 합니다.

어떻게 해서 이 직업을 선택하게 되었나요?

아버지께서 제가 공무원이 되기를 바라셔서 진로를 공무원으로 정했는데, 제 성격이 굉장히 활동적이에요. 왜 '공무원' 하면 기본적인 행정직 공무원을 떠올리잖아요? 저는 행정업무보다는 활동적이면서도 많이 움직일 수 있는 일을 하고 싶었어요. 그래서 공무원의 종류를 하나하나 알아보다가 '세관 공무원'을 찾게 됐어요. 세관에서 하는 일을 보니 마약이나 기업심사 또는 수입신고 등을 하고 있었어요. 또 현직자 카페에 '세관이 어떤 일을 하는 곳인가요?'라는 질문을 남겼는데 답변 중 하나가 '세관은 조사와 감정, 수입신고와 검사를 직접 다 하는 곳으로 다이내믹하고 활동성 있는 업무를 할 수 있다'고 되어 있었어요. 사무실에 가만히 앉아서 일하는 것보다는 세관업무가 활동적인 제 성격하고 잘 맞을 듯싶었습니다. 그래서 세관 공무원 시험을 준비했지요.

세관원 생활은 언제 시작하셨나요?

2008년에 입사했어요. 세관은 크게 세 가지 분야가 있어요. 수출입 통관하는 감정 분야, 조사 밀수입 적발하는 조사업무, 기업들의 수출입 물품 신고를 받고 기업 심사하는 심사부서가 그것입니다. 세관에서는 입사 후 탐색기 제도를 통해 처음 3년 동안은 돌아가면서 이 세 가지 업무를 다 경험해 볼 수 있습니다. 감정에 더 맞는지, 조사에 더 맞는지, 심사에 더 맞는지를 생각해 보고 결정하는 것이지요. 저는 감정 분야가 좋아서 이 부서에서 일하게 되었습니다.

이 직업에 관심이 있는 청소년들에게 한 마디 부탁드립니다.

요즘 '공무원' 하면 안정적인 부분을 가장 큰 장점으로 꼽잖아요? 그러나 모든 일이 그러하듯이 자신의 적성과 맞아야 해요. 특히 제가 하는 업무는 봉사정신과 희생정신, 좀 손해 보고 억울하더라도 국민을 위해 넘길 수 있는 그런 마음가짐이 필요해요. 여행객(민원인)을 대상으로 하기 때문에 무엇이든 다 감수할 각오가 되어 있어야 합니다. 안정성만 기대하고 들어오면 견디기 힘듭니다. 대신 보람과 자부심이 엄청 커요. 문제가 되는 물품을 적발하고 나면 '이 직업을 택하길 잘했다'라는 뿌듯함이 생깁니다.

08
공항 검역관

1. 공항 검역관이란?

공항 검역관이란 해외로부터 항공기와 승객, 화물을 통해 국내로 들어오는 사람, 동물 및 축산물, 식물을 대상으로 검역을 해서 바이러스, 병원균, 가축 전염병과 병해충이 국내로 유입되는 것을 막기 위해 국제공항에서 국경검역을 하는 사람들을 말한다.

식물 및 동물 검역관들은 입출국하는 승객들의 휴대품을 대상으로 검역하거나 화물청사에서 대량으로 수출입되는 물품의 경우 수입통관이 되기 전 계류장이나 검역장에서 업무를 수행한다. 일부 오염지역으로 분류된 국가에서 입국하는 승객 및 항공기에 대해서는 몸에 열이 있는지 점검하고 전염병 감염 여부 등을 검사한다. 또한 일부 위험국가로 가는 승객들을 대상으로 예방접종을 시행한다.

2. 공항 검역관이 하는 일

국제공항에서 이루어지는 검역 업무는 크게 사람 검역과 동식물 검역으로 나누어져 있다. 사람에 대한 검역을 담당하는 공무원은 국가 전염병 연구 및 관리와 생명과학 연구를 수행하는 보건복지부 소속 기관인 질병관리본부의 산하단체로 전국에 13개의 국립 검역소가 있다. 동식물에 대한 검역을 담당하는 공무원은 농림축산식품부 소속이며 농림축산 검역본부장 산하로 전국에 6개의 지역 본부(인천국제공항, 영남, 중부, 서울, 호남, 제주 지역본부)가 있다. 그리고 전국 8개 국제공항에는 검역업무를 담당하는 공무원들이 근무한다.

검역 서비스를 통해 동식물로 만든 먹을거리가 깨끗하고 안전하게 국민의 식탁에 올라갈 수 있도록 하는 것이 검역관의 임무라 할 수 있다. 공항 검역관이 하는 일을 구체적으로 살펴보면 다음과 같다.

첫째, 수입되는 물품 및 목록을 확인한 후 항공기로 도착한 수입물품을 대상으로 항공기 내에서 현장검사를 시행하고, 필요할 때 정밀검사 및 임상검사 등을 실시하여 수입물품의 합격 및 불합격을 결정한다. 둘째, 승객들이 작성한 휴대품 신고서를 확인하여 동식물, 축산물 등의 유무를 확인한 후 품목에 따라 압류하여 검역을 이행하도록 지시하거나 반입금지 품목의 경우 반송 또는 폐기 조치한다. 셋째, 검역 탐지견에 의해 발견되거나 자진신고를 통해 검역을 해야 하는 물품은 정밀검사를 수행한 후 안전성 검사에 합격하면 승객에게 인도한다. 넷째, 입국하는 승객을 대상으로 몸에 열이 있는지 검사하고, 이상 증세를 보인 승객을 대상으로 채변 검사 등을 통해 전염병 감염 여부를 체크한다. 특히 질병 발생과 관련해 특별히 관리대상으로 포함된 국가에서 들어오는 승객 및 항공기의 검역을 철저히 수행한다. 다섯째, 출국 여행객 중 아프리카나 중남미 지역을 여행하는 여행객들을 대상으로 예방접종을 하고 예방접종 증명서를 발급하는 업무도 한다.

3. 공항 검역관이 되는 방법

대한민국의 보건직 공무원이 하는 일은 각종 전염병 예방을 위한 예방접종, 검사·시험에 관한 방역업무 및 전염 병균의 국내침입과 국외전파를 막는 검역업무, 산업병 예방에 관한 산업보건업무, 환경위생 등 보건업무 등이다. 검역관은 공항, 항만, 국제우편

검역본부공무원 근무 직렬

행정	일반 행정
농업	식물 검역, 축산, 생명유전
수의	수의
해양수산	수산물 검사

물류센터 등에서 검역 업무를 하는 보건직 공무원이며, 따라서 검역관이 되고자 하면 반드시 공무원 시험에 합격해야 한다. 응시직급은 9급~5급이며 학력 제한은 없다. 연령은 9~8급은 18세 이상이고, 7~5급은 20세 이상이다. 국립 검역소 및 농림축산 검역본부 공무원은 여러 직렬이 있는데 근무 직렬 및 직류를 분류하면 옆의 표와 같다. 참고로 공무원의 근무 직렬은 크게 행정직과 기술직으로 나뉘며, 행정직은 다시 일반행정직, 교육행정직, 세무직 등과 같은 식으로 분류가 나뉜다. 근무 직렬과 직류의 중요성은 시험과목과 경쟁률, 난이도 등에서 차이가 있으며, 본인의 적성과 맞아야 하기 때문이다. 그래서 대학에서 전공과목을 정하는 것만큼이나 신중할 필요가 있다.

동물이나 축산물 검역원은 수의사 면허가 필요하므로, 수의학을 전공하고 수의사 국가고시에 합격한 뒤 수의직 공무원 시험에 합격해야 검역관으로 활동할 수 있다.

식물 검역의 경우 식물 검역직 시험에 합격해야 한다. 인사혁신처에서 실시하는 공개채용의 경우 농업직 시험을 치러야 한다. 농학과, 원예학과, 산림자원학과 등의 관련 학문을 전공한 사람에게 응시자격이 주어진다. 농림축산검역본부에서 특별 채용이 실시되는 경우도 있다. 항공기와 승객 검역원은 보건 관련 학과 전공자로 보건직 공무원 시험을 통과해야 한다.

4. 공항 검역관의 근무 여건과 전망

공항에서 근무하는 검역관은 탑승객들의 물건을 검역해야 하므로 24시간 활동해야 한다. 따라서 주말이나 야간에도 교대근무를 해야 한다. 국민의 건강과 안전을 책임지는 검역 업무를 위해서는 무엇보다 꼼꼼하게 물품을 살펴보고 검사할 수 있어야 하며, 이 과정에서 본인의 건강도 신경 써야 한다. 월급은 국가 공무원 보수에 따르며 정년은 60세이다.

공항 검역관은 주로 수출입 되는 물품 및 동물을 다루며, 외국인을 상대하고 외국과 교류할 일이 많다. 이 때문에 외국어로 의사소통을 원활하게 할 수 있어야 하고, 동물과

축산물, 식물과 관련한 법률이나 보건의학지식도 필요하다.

국제적인 교류 증가로 인하여 입·출국하는 내외국인들의 수와 동식물, 축산물의 수출입은 매년 빠르게 증가하고 있다. 하지만 그만큼 많은 위험요소들도 생겨나고 있다. 신종플루, 지카 바이러스, 에볼라 바이러스, 사스, 조류 인플루엔자, 광우병, 콜레라 등과 같이 세계적으로 국민의 건강을 위협하는 새로운 바이러스가 발생하고 있다. 여기에 인터넷과 해외직구 등을 통해서 국내에는 찾아볼 수 없는 다양하고 특이한 동식물에 관심을 두고 이를 수입하는 사람이 증가하고 있다. 예전에는 가지 않았던 후진국, 오지 여행을 하는 사람이 늘어나면서 해당 국가의 질병이 유입될 기회도 커지고 있다. 이 때문에 병균이나 세균으로부터 국내 산업과 국민의 건강을 보호하기 위한 검역업무의 중요성이 커지고 있다. 이에 따라 검역관의 수요가 증가할 것으로 전망된다.

5. 공항 검역관의 직업적 전망

국제적인 교류 증가로 인하여 입출국하는 내외국인들의 수와 동식물, 축산물의 수출입이 매년 증가하고 있다. 조류 인플루엔자, 광우병, 콜레라 등 국민들이 관심을 가지는 전염성 병균 이외에도, 전 세계적으로 국민의 건강을 위협하는 새로운 바이러스가 발생하고 있다.

또한 인터넷의 발달로 새로운 것에 대한 정보습득이 빨라지고, 국내에는 찾아볼 수 없는 다양하고 특이한 동식물에 관심을 두고 이를 수입하는 사람이 증가하고 있다. 또한 예전에는 여행을 꺼렸던 후진국에도 이제는 자유롭게 여행하는 사람들이 늘어나면서 질병이 유입될 기회가 커지고 있다.

이 때문에 외국으로부터 전염될 수 있는 많은 병균이나 세균들로부터 국내의 산업 및 국민을 보호하기 위한 검역업무의 중요성이 커지고 있다. 그리고 소득수준이 향상되고 안전에 대한 의식이 높아지면서 더욱더 안전한 식품이나 동식물을 찾는 사람이 증가하고 있다.

이에 따라 검역관의 수요가 증가할 것으로 전망된다. 더불어 검역관은 직업적 안정성이 보장된다는 장점이 있어서 경쟁이 치열하다. 그러나 검역관 또한 공무원 신분이므로 향후 정부 정책에 따라 일자리가 결정될 것이다.

Airport

09
국제공항 경찰대

1. 국제공항 경찰대란?

국제공항 경찰대는 안전한 공항을 만들기 위해 공항 곳곳에서 일어나는 각종 사건·사고를 처리하고 해결하는 일을 한다. 공항을 이용하는 승객들의 안전을 위해 질서유지 및 범죄 예방, 유실물 처리와 각종 안전사고 예방 등의 활동을 한다. 더 나아가 마약사범 검거, 밀수범죄 단속, 외국인범죄 단속, 출입국사범 단속 등을 하며, 주요 인사의 경호 업무 등도 수행한다.

2. 국제공항 경찰대가 하는 일

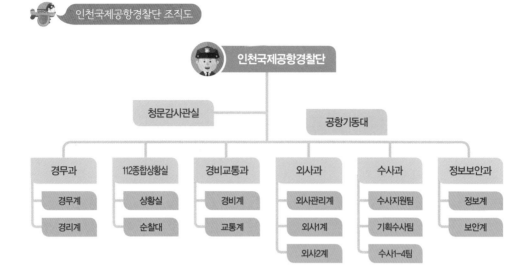

인천국제공항경찰단 조직도

인천국제공항경찰단
- 청문감사관실
- 공항기동대

- 경무과
  - 경무계
  - 경리계
- 112종합상황실
  - 상황실
  - 순찰대
- 경비교통과
  - 경비계
  - 교통계
- 외사과
  - 외사관리계
  - 외사1계
  - 외사2계
- 수사과
  - 수사지원팀
  - 기획수사팀
  - 수사1~4팀
- 정보보안과
  - 정보계
  - 보안계

인천국제공항 경찰단 조직은 위의 표와 같이 구성되어 있는데 공항 경찰기동대는 의경(의무경찰. 병역 의무 동안 군 복무 대신 업무 보조를 하는 경찰)으로 이루어져 있고, 나머지는 모두 현직 경찰관이 담당하고 있다. 지금부터 국제공항 경찰대의 업무를 분야별로 살펴보자.

(1) 공항 경찰기동대

의경으로 군 복무 중인 기동대원들로, 공항의 안전을 위해 수시로 순찰을 돌며 공항의 많은 사람에게 도움을 주고 있는데, 인천국제공항에는 현재 약 100명 정도의 기동대원이 복무 중이다. 공항 경찰기동대의 주요 임무는 각종 범죄를 예방 · 진압하여 치안 · 질서를 유지하고, 공항 이용객의 길 안내 등 대민 친절봉사 활동을 담당한다. 또한 지속적인 테러예방 활동을 통해 안전을 확보한다. 인천국제공항에서는 한국인뿐만 아니라 외국인을 상대해야 할 때도 많으므로 외국어 실력이 중요한 요소이다. 약 100명의 기동대원 중 60여 명의 기동대원이 외국어 특채로 들어왔다.

🔺 2013 동아시안컵에 출전하는 북한 여자 축구대표팀의 입국 때 경호하는 모습

(2) 청문감사관실

청문감사관실에서는 경찰 부조리 등 민원사항 처리와 조사 및 방지 활동을 한다. 또한

감찰활동과 복무상황을 점검한다. 금품을 수수하거나 민원신고를 당한 경찰관을 조사하는 등의 암행어사 역할을 하는 것이다.

청문감사관실에는 치안상황실이라는 곳이 있다. 치안상황실에서는 공항 내부 곳곳에 설치된 CCTV를 통해 공항 안을 샅샅이 살펴볼 수 있다. 또한 공항 내에서 들어오는 신고 전화는 모두 이곳으로 연결되어 접수된다.

청문감사관실 옆에 있는 정보통신실에서는 공항 경찰대의 모든 정보통신망을 총괄하는 업무를 맡고 있다.

(3) 수사과

24시간 깨어 있는 수사과는 많은 사건들을 직접 처리한다. 수사과에서는 외사(외국인과 관계된 범죄) 및 일반사범의 접수 및 수사를 하고, 각종 신고사건을 처리한다. 공항에서 일어나는 사건 중에는 생각지도 못한 일들이 종종 일어나는데, 외국인 노숙자에 대한 처리, 기내에서 사망한 사람에 대한 수사 등도 여기에 해당한다. 이 밖에 해외 도피범이나 수배자에 대한 수사도 이곳에서 이루어지고 있다.

(4) 경비교통과

경비교통과는 공항 경찰대의 핵심 중 핵심이라 할 수 있다. 경비교통과의 주요 업무는 경비계획을 수립하여 시행하고, 민방위 및 자연재해에 대한 협조 업무를 한다. 그리고 다중범죄 진압계획 수립 및 진압부대 운영 감독 등을 한다. 그 밖에 공항을 이용하는 중요 인사에 대한 특별경호를 맡기도 하고, 폭발물 탐지견과 함께 대테러 예방 활동, 질서유지, 공항 노조집회 관리 등의 임무도 수행한다. 이러한 경비교통과의 활약과 노력으로 2011년도 외에는 인천국제공항 근처에서 사망사고가 단 한 건도 발생하지 않았다.

(5) 경무과

경무과에서는 국제공항 경찰대 조직이 원활하게 돌아가기 위한 다양한 업무를 수행하고 있다. 인사 및 상훈(상과 훈장을 수여) 업무와 경찰 직장교육 및 훈련평가 관련 업무를 수행한다. 후생 업무와 경찰대 행사 관련 업무, 공항보호구역 출입증 및 신분증 관련 업무, 정보통신 보안 및 기자재 관리운영 업무, 선행이나 미담사항 발굴 등의 일을 한다. 경무과는 한 마디로 공항 경찰대 경찰관의 모든 업무를 지원하는 역할을 한다고 말할 수 있다.

(6) 유실물 보관소

인천국제공항이나 비행기 내에서 물건을 잃어버렸을 때는 지하 1층에 있는 유실물 보관소로 연락을 하거나 방문하면 된다. 하루에 약 80~90건의 유실물 신고가 들어온다고 한다. 보관되어 있는 물건은 휴대폰, 지갑, 다이어리 등 사람들이 흔히 잃어버릴 수 있는 물건들뿐만 아니라 전기 톱, 틀니, 자동차 범퍼, 삼겹살 등도 있다고 한다. 이 중에서 찾아가는 물건은 45% 정도밖에 되지 않는데, 해외로 출국한 사람들이 물건을 찾아가기가 어렵기 때문인 것으로 보인다.

3. 국제공항 경찰대가 되는 방법

먼저 경찰관이 된 다음 공항 근무를 자원하거나 배치되어 국제공항 경찰대로서 일할 수 있다. 경찰관은 9급 공무원 시험을 통해 선발된 일반 순경과 경찰간부 후보생 또는 경찰대학 출신의 간부 경찰관 등으로 나눌 수 있다. 또한 대테러 업무를 수행하는 경찰 특공대, 범죄분석요원, 항공요원(헬기 조종사, 헬기 정비사), 해양경찰, 사이버 수사요원 등 특수한 분야에서 일하는 경찰관도 있다. 경찰관으로 채용되면 일정 기간 일선 지구대에 배치되어 현장 근무를 하게 되고 이후 본인의 희망이나 적성에 따라 수사, 형사, 보안, 교통, 경비, 정보, 전산·통신 등의 전문 분야에서 근무할 수 있다.

4. 국제공항 경찰대의 근무 여건과 전망

국제공항 경찰대의 근무 여건도 여느 경찰관과 다르지 않다. 비상근무, 초과근무, 휴일근무 등 불규칙한 근무를 수행할 때가 많다. 이 때문에 개인적인 시간이 많지 않으며 체력적인 부담과 스트레스가 크다.

그러나 국가의 경계를 책임지고 있다는 사명감이 크다. 또한 최근 2017년 11월 28일부터 인천국제공항에 대한 치안을 책임지고 있는 인천공항경찰대가 인천공항 개항 이후 17년만에 '인천국제공항경찰단'으로 격상되고 경찰 인력 60여 명이 확충되어 출범했다. 앞으로도 공항의 안전을 위해 인력 확충과 순찰과 경비를 강화하는 방향으로 취업 전망은 밝은 편이다.

공항에는 우리가 직접 만나는 직업뿐만 아니라 눈에 보이지 않는 직업도 많다. 이들은 어떤 일을 하며, 공항의 특성에 맞춰 어떻게 진로를 잡고 취업을 준비했을까?

우리가 미처 알지 못했던 공항 속 다양한 직업의 세계로 들어가 보자. 과학과 기술, 서비스와 행정 등 의외로 폭넓고 흥미로운 직업의 세계가 펼쳐진다.

Company

Airport

V

어떤 직업을 가진
사람들이 공항과
연결되어 있을까?

Airport

01
항공교통 관제사

1. 항공교통 관제사란?

　　도로 위를 달리는 차량들이 '멈춤'과 '정지' 등을 표시
하는 신호등과 교통경찰이 없다면 어떻게 될까? 비행기가
날아다니는 하늘에도 고도와 방향에 따라 보이지 않는 길이 있다. 그 항공교통을 관리하
고 통제하는 사람이 바로 항공교통 관제사다. 이들은 하늘이 아닌 지상에서 레이더 등을
보며 항공기의 모든 운항 과정을 안내하고 통제한다.

　　관제사라는 직업은 비행기의 이·착륙을 돕는 항공교통관제사와 선박의 입·출항을
총괄하는 해상교통관제사, 철도의 안전 운행을 돕는 철도교통관제사로 나뉜다. 항공교
통관제사는 앞서 말한 바와 같이 항공기가 하늘을 안전하고 원활하게 다닐 수 있도록 하
며, 해상교통관제사는 바다에서 배들이 안전하게 다니도록 안내해주는 역할을 수행한

다. 철도교통관제사는 철도 및 지하철 등의 운행을 안내하고 통제한다.

　　현재 우리나라의 공항에는 하루 평균 1,700대의 항공기가 뜨고 내리는데 하늘의 교통도 지상 못지않게 복잡하다. 따라서 항공기 안전사고에 대한 대처도 과학적이고 효율적으로 이루어져야 할 것이다. 항공교통 관제사는 이러한 현실에서 항공기가 안전하게 이착륙을 할 수 있도록 공항을 잘 정리하는 것은 물론, 기상 및 항법에 대한 정보를 조종사에게 무선으로 알려주어 조종사의 조종을 돕고, 시차를 두고 항공기가 활주로를 사용하도록 하여 안전사고에 대한 위험을 예방한다. 또한 많은 항공기가 오르내리는 시간대에 항공기가 오랜 기다림 없이 활주로를 바로바로 사용하도록 하는 역할도 매우 중요해졌다.

2. 항공교통 관제사가 하는 일

　　항공교통 관제사가 하는 항공관제 업무는 매우 다양하다. 출발지 공항에서 목적지 공항까지 운항하는 전 비행 구간의 충돌 방지, 항공교통 흐름의 조절 및 촉진 업무를 한다. 비행은 이륙 · 상승 · 순항 · 진입 · 착륙의 5단계를 통해 이루어진다. 이중에서 처음의 이륙 3분과 마지막의 착륙 8분에 비행기 사고가 가장 많이 일어난다고 해서 '마의 11분(11 minutes of crisis)'이라는 말이 붙여졌다. 항공교통 관제사는 관제탑에서 이 '마의 11분'을 포함한 항공 안전을 책임지고 있다.

　　항공기와 항공기 간이나 활주로에서 항공기와 지상 장애물 간의 충돌을 방지하고 지상 또는 비행 중인 모든 항공기의 이착륙 순서 및 시기와 방법을 정하고 지시하여 항공교통의 흐름을 조절한다. 그리고 항공기 조종사에게 공항의 활주로 상태, 기상 상태 등의 정보를 제공하여 항공기의 안전한 이륙과 착륙을 돕는다.

항공교통 관제사의 업무는 크게 지상관제, 접근관제, 항로관제로 나누어진다. 지상관제는 공항의 관제탑에서 수행하는 업무로 비행장 안의 이동 지역을 관리하고, 비행장 주위에서 운항하는 항공기와 차량 등을 통제한다. 접근관제는 공항 부근에 설치되어 있는 접근관제소의 레이더실에서 수행하는 업무로 공항으로 진입하는 항공기나 이륙하여 나가는 항공기를 관제한다. 항로관제는 항공교통관제소에서 수행하는 업무로 출발 공항에서 목적지 공항까지의 항로 및 고도를 포함한 항로 비행허가 등을 관제한다.

3. 항공교통 관제사에게 필요한 능력

항공교통 관제사 업무는 조그만 실수도 허락되지 않는다. 자칫 사고로 이어질 수 있기 때문이다. 따라서 매사에 정확하고 세심한 성격이어야 하며, 정확한 상황판단을 할 수 있는 순발력과 결단력도 필요하다. 레이더를 비롯한 기기나 장비를 능숙하게 다룰 줄 알아야 하며, 항공법, 항공역학, 항공기상, 항공교통관제 절차 및 비행술에 대한 충분한 지식은 당연히 갖추어야 한다.

항공기는 다른 교통수단과 달리 제자리에 멈추거나 뒤로 후진할 수도 없다. 통제가 없으면 사고로 이어진다. 활주로가 폐쇄되거나 이착륙하는 항공기들이 몰려 있을 때 하늘에 떠 있는 항공기들이 서로 부딪치지 않게 하기 위해서는 조종사들과 계속 대화하며 항공기를 움직일 수 있도록 안내도 해야 한다. 따라서 수많은 외국인 조종사와 대화를 해야 하므로 영어 실력은 필수다. 오랜 시간 긴장한 채로 집중해서 일해야 하므로 건강한 체력은 기본이다.

◆ 한국공항공사의 항공기술훈련원 모습

4. 항공교통 관제사가 되는 방법

항공교통 관제사로 일하기 위해서는 먼저 국가 전문자격인 항공교통 관제사 자격시험에 합격해야 한다. 응시자격은 만 18세 이상인 사람으로서 한국공항공사의 항공기술훈련원, 한국항공대학교 항공교통관제교육원, 한서대학교 항공교통관제교육원, 공군교육사령부 항공교통 관제사교육원 등에서 도움을 받을 수 있다. 그다음에 3개월 이상 관제실무를 경험한 사람, 항공교통 관제사 자격이 있는 사람에게서 9개월 이상 관제실무를 배우거나 민간 항공기가 사용하는 군용공항 관제시설에서 9개월 이상 근무한 사람, 항공관제사 학과시험 과목을 이수하고 6개월 이상 관제실무 경력이 있으면 자격증 시험에 응시힐 수 있다.

자격증 취득 후에는 국토교통부에서 모집하는 국가기술직(항공관제) 공무원 채용시험에 합격하면 국가 공무원으로서 지방 항공청이나 항공교통센터에서 관제 관련 업무를 하게 된다.

(1) 교육기관

항공교통 관제사 교육을 받을 수 있는 곳은 대학교, 국토교통부 지정 전문 교육기관 그리고 특성화 고등학교이다. 대학교로는 한국항공 대학교의 항공교통물류우주법학부에서 항공교통 전공을 이수하는 방법과 한서대학교 항공학부에서 항공교통과를 이수하는 길이 있다. 국토교통부 지정 전문 교육기관인 한국공항공사 항공기술훈련원(충북 청원)에서도 항공교통 관제사 교육을 받을 수 있다. 또 다른 방법으로 공군 항공과학고등학교 항공관제과에 입학하여 졸업 후 군 부사관으로 항공관제 근무를 하고 난 뒤 민간 항공교통 관제사 시험에 응시하는 방법이다.

🔺 비행장관제 – 3D시뮬레이터모습

(2) 자격증 취득

항공교통 관제사 자격증을 취득하려면 교통안전공단에서 시행하는 자격증명 시험에 합격하여야 한다. 학과시험은 항공법규, 항행안전시설, 항공기상, 항공교통, 통신, 정보업무, 관제일반이며, 실기시험은 항공교통관제에 필요한 기술, 항공교통괸제에 필요한 일반 영어 및 표준 관제영어다. 응시 자격이 되면 교통안전공단에서 자격증을 취득한 뒤 항공영어 구술능력 증명 4등급 이상의 자격도 얻어야 한다.

항공영어 구술능력 증명은 발음, 문법, 어휘력, 유창성, 이해력 응대능력 등을 테스트하는데 최고 6등급부터 4등급까지만 자격으로 인정받고 3등급 이하는 인정받지 못한다. 유효기간은 6등급은 영구, 5등급은 6년, 4등급은 3년이므로 유효기간 만료 전에 다시 시험을 봐야 한다. 항공영어 구술능력 증명과 관련된 업무는 국토교통부로부터 업무위탁을 받은 G-TELP(www.gtelp.co.kr)와 IAES(www.iase.co.kr)에서 담당한다.

(3) 취업시험

위와 같은 자격을 갖춘 뒤 기술직 공무원 시험을 거쳐야 하며 시험에 통과하면 8급 공무원으로 채용된다. 채용된 공무원들은 국토교통부 산하 서울지방 항공청과 부산지방 항공청에서 근무하게 된다. 공무원 신분의 항공교통 관제사는 대부분 결원이 생길 때 비정기적으로 선발한다.

(4) 항공 신체검사

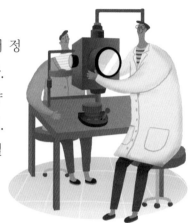

지정된 병원에서 신체검사를 받아야 한다. 항공법에서 정한 항공 신체검사는 총 14가지 항목을 검사하게 되어 있다. 이 중 특히 눈에 관련된 항목이 많은데 중요한 내용을 요약하면 눈 굴절 상태에 영향을 주는 수술을 받지 않았을 것, 녹내장이 없을 것, 야간시력이 정상일 것, 색각이 정상일 것, 안경을 끼지 않고도 또는 안경을 끼고 원거리 시력 0.7 이상, 근거리 시력 0.5 이상일 것 등이다.

5. 항공교통 관제사의 근무 여건과 전망

항공교통 관제사의 근무 장소는 조금씩 다르지만 일반적으로 공항의 관제탑에서 근무한다. 항공기의 흐름을 가장 잘 볼 수 있는 곳이 관제탑이기 때문이다. 인천국제공항의 관제탑은 지상 22층 높이(100m)다. 이곳에서 항공교통 관제사가 24시간 2교대로 근무하고 있다.

항공교통관제사는 항공교통센터, 접근관제소, 관제탑
및 운항실 등 24시간 운영되는 시설에서 근무한다. 각 기
관의 특성에 따라 1일 3교대~5교대 근무를 하게 되
므로 근무시간이 불규칙하고 공휴일에도 근무해야 한
다. 근무는 보통 2시간 근무하고 1시간 휴식을 취하
는 형태이다. 관제탑(계류장) 관제사는 눈으로 항공
기를 보면서 관제하지만, 접근 관제사와 항로 관제
사는 모니터를 통해 항공기의 흐름을 파악하며 관
제를 한다. 항공기 관제는 사소한 실수도 큰 사고로
이어지기 때문에 고도의 집중력을 필요로 한다. 이
처럼 불규칙한 근무시간과 업무 중 고도의 집중력
과 긴장감으로 인하여 많은 스트레스를 받을 수 있

다. 일반직 공무원은 9급부터 시작하지만 항공교통 관제사는 특수자격 보유자로 8급
부터 채용한다. 인천국제공항공사 소속 관제사는 인천국제공항공사 직급체계인 '5급
→ 4급 → 3급 → 2급 → 1급 → 임원' 순이다. 항공교통 관제사의 정년은 공무원 정
년인 60세이다. 인천국제공항공사의 정년은 61세이다. 군대에 있는 항공교통 관제사
는 직업군인에 속한다. 하사, 중사, 상사, 준위 등으로 계급과 연차에 따라 급여가 다
르다.

지금은 매년 부족한 인원만큼 항공교통 관제사가 채용되고 있는 추세지만, 앞으로
공항 및 항공편의 신설이 꾸준히 이루어질 것이기 때문에 공항 운영을 위해서는 더욱 많
은 인원이 필요하게 될 것이다.

이 직업을 가진 사람에게 듣는다

Interview

항공교통 관제사

김광철

Q 현재 소속은 어디인가요? 그리고 항공교통 관제사는 어떤 일을 하시나요?

김포항공관리사무소 관제통신과 소속입니다. 항공기가 목적지에 가려면 비행계획을 세우고 항로관제소에 접수한 후 이륙하게 됩니다. 저희가 하는 일은 접수된 대로 항공기가 갈 항로에 대해 허가를 내주고, 항공기가 활주로로 이동하여 이륙하는 일을 도와줍니다. 착륙하는 항공기는 착륙해서 게이트까지 안전하게 들어올 수 있도록 유도하는 일을 하지요.

Q 현재 근무하는 장소는 어디인가요?

공항 관제탑에서 일하고 있습니다. 대부분 사람들은 '관제' 라고 하면 공항 관제탑에서만 일한다고 생각하는데 꼭 그렇지만은 않습니다. 항공기 대부분은 항공로 비행을 합니다. 항공로 비행이란 자동차처럼 비행기도 정해진 길이 있어서 그 길에서 일정한 간격을 두고 다니는 것을 말합니다. 또 항공기는 하늘을 날기 때문에 다른 고도로 비행할 수 있으며 그렇게 설정된 항공로가 있습니다.

Q 모든 관제가 관제탑에서 이루어지는 것만은 아니라는 말씀인가요?

관제탑에서 하는 일은 이륙과 착륙, 즉 공항 반경 20km 내에서 20분 이내의 비행을 관제하는 일입니다. 대부분의 관제는 항공로나 항공로까지 이어주는 관제소에서 하고 있습니다.

Q 관제 과정은 어떻게 이루어지나요?

크게 세 가지로 구분됩니다. 첫째, 이륙과 착륙, 항공기 지상이동을 담당하는 비행장 관제가 있습니다. 비행장 관제는 관제탑에서 하며 유리창 너머로 밖을 직접 보면서 관제합니다. 둘째, 항공기가 이륙하여 항공로까지 진입하거나 착륙하는 항공기를 항공로에서 활주로에 내릴 수 있도록 끌고 오는 접근관제가 있습니다. 마지막으로 항공로를 비행하는 항공기의 관제를 담당하는 항로관제가 있습니다. 항로관제는 지역 관제소에서 담당합니다.

공항 관제탑에서 항공기를 이륙시키면 접근관제소에서 출발 항공기를 항공로까지 이어줍니다. 접근관제소에서는 비행 중인 수많은 항공기를 실제로 보면서 관제할 수 없기 때문에 레이더 장비를 이용해서 항공기를 식별하고, 항공기가 항공로에 진입할 수 있도록 비행 방향을 지시합니다. 또한 도착하는 항공기가 항공

> 공항은 여행객들이 많아 대개 설레는 마음으로 오게 되는 곳이잖아요. 그 마음을 끝까지 지켜드리고 싶다는 **책임감과 자부심**도 느끼게 됩니다.

로 출발하여 공항의 접근지점까지 비행할 수 있도록 유도하는 일을 합니다. 그리고 항로관제는 항공로에 진입한 항공기가 항로대로 잘 비행하고, 항공기간의 분리가 적절히 이루어질 수 있도록 관제합니다.

관제를 할 때 중요한 요소는 무엇인가요?

제가 일하고 있는 비행장 관제탑의 경우 레이더 장비도 있지만 더욱 중요한 것이 눈으로 직접 보고 판단하는 것입니다. 제가 설정한 길에 따라 지상에서 잘 운항하고 있는지 감시하고, 이륙하거나 착륙할 때 설정된 고도에 맞게 하는지도 감시해야 합니다. 공중에 있는 항공기의 경우 충분한 간격을 유지하며 비행할 수 있지만, 공항은 빠른 속도로 착륙한 항공기와 이륙 준비를 하거나 정지된 항공기가 공존하는 장소로 찰나의 순간 충돌할 수도 있기 때문에 위험요소를 잘 감지해서 적절하게 정지시킨다든가 길을 변경시킨다든가 해야 합니다.

그러기 위해서는 빠른 분석과 결정이 필요합니다. 공항으로 항공기가 계속 밀려들어오고 있기 때문입니다. 예를 들어 누구에게 먼저 착륙이나 이륙 우선권을 줄지를 빨리 판단해서 관제를 해야 합니다. 때문에 일의 순서를 미리 정해서 주도적으로 해 나갈 수 있어야 합니다.

하루 업무는 어떻게 이루어지나요?

항공기가 비행하려면 운항관리사들이 먼저 비행계획서를 작성해 항로관제소(지역 관제소)에 제출하도록 되어 있습니다. 지역 관제소는 비행계획서를 검토 후 항로 허가를 내주고, 제가 일하는 관제탑을 비롯한 관제 관련 부서에 전달합니다. 이렇게 항로허가가 나면 항공기에 승객들이 탑승하고 기장은 시동을 걸고 게이트에서 푸시백(항공기가 앞으

로 나아갈 수 있게끔 자세를 바꾸는 작업)을 하면 출발 준비가 끝납니다. 여기까지의 관제를 지상관제 좌석에서 하게 됩니다.

공항 관제탑에는 세 개의 좌석이 있는데 하나는 접수된 비행계획서의 허가를 해주는 좌석이고, 두 번째는 지상에서 이동하는 항공기를 관제하는 지상관제 좌석, 세 번째는 이륙하거나 착륙하는 활주로 위에 있는 항공기를 관제하는 국지관제 좌석입니다. 항공기의 이륙준비가 끝나면 먼저 이륙하는 항공기나 뒤에 착륙하는 항공기의 간격을 생각해서 항공기에 이륙허가를 주고, 이륙한 항공기는 접근관제소로 넘겨 항로비행을 할 수 있도록 합니다. 착륙하는 항공기는 접근관제소에서 순서를 정해 활주로에 일렬로 정렬을 시켜서 차례차례 내리게 하는데, 착륙하는 항공기에 착륙허가를 주거나, 아니면 아직 활주로에 항공기가 남아 있어서 내리기 힘든 상황이면 다시 재접근할 수 있도록 유도합니다.

관제사는 하루 2교대 업무를 하고 있지만 다른 직업군과 달리 연속적인 일이 아닙니다. 정해진 시간 동안 그 시간에 해야 할 일을 하면, 다음 사람이 제가 하던 일을 넘겨받아 하는 시스템이기 때문에 제가 한 일을 몇 시간 후에 미뤄서 처리할 수 있는 것이 아니라 바로 바로 시간 안에 처리해야 합니다.

좌석에 한 번 앉으면 얼마나 일하시나요?

저희는 규정상 최대 2시간 연달아 일할 수 있고, 그 이상 하면 제약이 있습니다.

2시간이라는 시간을 정한 이유는 무엇인가요?

관제를 2시간 이상 하면 집중력이 흐려질 수 있고, 관제사의 집중력이 떨어지면 결국 사고로 이어질 위험성이 있기 때문입니다.

관제사로서 힘든 점은 무엇인가요?

아무래도 부담감이 제일 큽니다. 아까 말씀드렸듯이 공항 활주로는 멈춰 있는 항공기와 빠른 속도 오는 항공기가 공존하는 곳이라 항상 사고의 위험이 있거든요. 그래서 한순간이라도 놓치지 않기 위해 긴장하며 일해야 하는 점이 가장 힘이 듭니다.

이 일은 언제부터 시작하셨고, 관제사를 준비하는 과정에서 어려운 점은 없었나요?

2015년도에 시작했습니다. 고등학교 때부터 관제사가 되고 싶어 항공대에 진학했습니다. 이후 관제사 면장 취득 시험을 준비했는데 첫 번째 시험에서는 떨어졌거든요. 그때 좀 힘들었습니다.

그렇다면 '관제사'라는 직업이 뿌듯할 때는 언제인가요?

관제 업무를 마치고 공항버스를 타고 집으로 돌아가는 길이면 자녀를 마중 나와 있는 부모님을 종종 볼 수 있습니다. '아, 오늘 저분들의 자녀가 무사히 돌아올 수 있도록 하는 데 나도 일정 부분 기여를 했구나.' 이런 생각이 들 때면 가슴이 뭉클해집니다. 제가 하고 있는 일을 더 잘해야겠다는 다짐도 하게 되고요. 공항은 여행객들이 많아 대개 설레는 마음으로 오게 되는 곳이잖아요. 그 마음을 끝까지 지켜드리고 싶다는 책임감과 자부심도 느끼게 됩니다.

관제사라는 직업을 택하게 된 계기는 무엇인가요?

고등학교 때부터 비행기에 관심이 많았어요. 그래서 비행기와 관련된 직업으로 어떤 게 있을까 알아보다가 관제사라는 직업과 만나게 되었습니다. 관제사는 항상 비행기를 보는 일을 하잖아요. 공항 가장 높은 곳에서 비행기를 볼 수 있다는 점이 가장 좋았습니다. 또 관제사는 비행기를 자신이 계획하는 대로 움직이게 할 수 있잖아요. 물론 비행기를 직접 모는 건 기장이지만 관제사는 적게는 2~4대, 많게는 수십 대의 항공기 전체의 움직임을 지휘하고 결정할 수 있습니다. 그 점이 굉장히 매력적이더라고요.

관제사에게 필요한 자질은 무엇이라고 생각하시나요?

제일 중요한 건 차분한 성격인 것 같습니다. 공항에서는 다양한 위급상황이 벌어질 수 있는데 그때마다 쉽게 당황하거나 흥분하면 일의 순서가 무너지고, 중요한 사항을 놓치는 되어 결국 사고로 이어질 수 있거든요.

몇 개월 전 활주로 한복판에 정지한 비행기가 있었어요. 보통 활주로에 착륙하면 자력으로 게이트까지 이동해야 하는데 장비결함으로 활주로에 멈춰선 거죠. 이렇게 활주로 하나만 못쓰게 되어도 순식간에 모든 계획이 다 바뀌어야 합니다. 뒤이어 착륙할 계획인 항공기들을 각각 다른 활주로에 내리도록 다시 관제해야 하는 동시에 활주로에 서 있는 항공기가 빨리 게이트로 이동할 수 있도록 조치를 취해야 합니다. 또한 혹시라도 승객의 피해가 없는지 확인도 해야 합니다. 물론 위기대처에 대한 매뉴얼은 있습니다. 그러나 더욱 중요한 건 당황하지 않고 경험으로 순간적인 판단을 해서 계획을 바꿔야 합니다. 이때 놓치지 말아야 할 것은 침착함입니다. 이성을 잃거나 당황하게 되면 분명 놓치는 것이 생기고 수백 명의 승객 목숨이 위험해질 수도 있습니다.

교통관제사가 되고 싶은 사람에게 한 마디 해주세요.

비행기에는 적게는 수십 명에서 많게는 800명 이상의 승객이 타고 있습니다. 관제사는 그 사람들의 안전과 생명을 책임지는 직업이지요. 물론 비행기를 운항하는 기장도 중요한 역할을 하지만 기장은 한 대의 비행기와 그 안의 승객들만 책임지지만 관제사는 동시에 수십 대의 비행기를 책임져야 하거든요. 때문에 항공교통 관제사는 단순히 돈을 버는 직업이라는 개념을 넘어서 사명감이 필요한 직업이라고 생각합니다.

O2
지상 조업사

1. 지상 조업사란?

공항의 계류장에서 일어나는 모든 일을 담당하는 회사를 말한다. 수하물과 화물을 싣거나 내리는 일, 항공기 보안, 급유, 정비, 항공기 내 청소 및 외부세척, 항공기 제빙 계류장 내 승객 이동버스 운영 등의 일을 한다. 국내 항공기뿐만 아니라 우리나라에 취항하는 외국 항공기의 지상조업 업무도 담당한다.

우리나라 공항에서 지상조업 업무를 담당하는 회사는 한국공항과 아시아나에어포트가 대표적이다. 한국공항은 대한항공의 지상조업 업무를, 아시아나에어포트는 아시아나항공의 지상조업 업무를 담당하고 있다. 지상업무 점유율은 한국공항이 약 65%, 아시아나에어포트가 약 30%를 차지한다. 그 밖에 샤프 에이비에이션 케이, 동보, 스위스

포트 등이 있다. 지상 조업사들은 국내 항공사 및 외국 항공사와 계약을 맺고 지상조업 업무를 담당하고 있다.

2. 지상 조업사가 하는 일

(1) 한국공항의 공항 업무

한국공항은 인천, 김포, 부산, 제주 등 총 15개 공항에서 대한항공을 비롯해 국내에 취항한 외국 항공사를 대상으로 지상조업을 수행하는 국내 최고의 항공기 지상조업 전문업체이다.

한국공항은 비행기가 착륙해서 다시 하늘을 날 때까지 필요한 모든 지원을 한다. 항공 화물을 싣거나 내리는 일, 항공기에 기름 넣기, 항공기의 견인, 항공기 정비, 항공기 지상조업용 장비 지원, 항공기 내·외부 청소, 기내식 지원, 기내용품 세탁 등을 한다. 그 밖에 광업(석회석), 농축산업, 먹는 샘물 제조 및 판매 등을 하고, 제주민속촌박물관도 운영한다.

한국공항(주)은 1968년 세워진 대한항공의 자회사다. 1987년 김포공항 장비 공장을 준공했으며, 1999년 항공기 급유, 항공화물 취급 등을 주요 업무로 하던 계열사 한국항공과 합병하면서 사업 범위를 확장했다.

(2) 아시아나에어포트의 공항 업무

아시아나항공을 비롯해 30여 개의 외국 항공사에 지상조업·화물조업·항공기 급유 등을 전문적으로 서비스하고 있다. 항공기 유도와 견인, 항공화물 싣고 내리기, 항공기 급유와 정비, 창고, 타이어의 제조와 판매, 항공용 기기 제조, 유류 도매 등의 일을 한다.

금호아시아나그룹의 계열사인 아시아나에어포트(주)는 현재 인천국제공항을 중심으로 김포, 부산, 제주국제공항의 4개 지점과 광주, 진주, 무안, 여수공항의 4개 영업소를 운영하고 있다. 1988년 창립하였고, 2011년에 항공기 운항정비업에 진출하였다. 2012년에는 인천국제공항 급유시설 운영권을 인천국제공항공사로부터 낙찰받아 2012년 10월부터 운영 중이다.

⬆ 한국공항 홈페이지   ⬆ 아시아나에어포트 홈페이지

3. 지상 조업사가 되는 방법

지상 조업사로 입사하려면 공개 경쟁시험에 합격해야 한다. 고등학교 졸업한 사람이 보는 시험과 대학 졸업자가 보는 시험이 다르다. 고졸 입사시험 전형방법은 '서류전형 → 면접전형 → 인성검사 → 신체검사 → 최종합격' 순이다. 대졸 입사시험 전형방법은 '서류전형 → 직무능력검사 → 1차 면접(실무진) → 2차 면접(임원) → 신체검사 → 최종합격' 순이다.

4. 지상 조업사의 근무 여건 및 전망

지상조업 업무는 전국 공항에서 이루어진다. 온종일 사무실에서 근무하는 사람도 있지만 대부분 항공기 운항시간에 맞춰 교대근무를 한다. 한국공항의 직원 수는 약 6,000명, 아시아나에어포트 직원 수는 약 4,000명 선이다. 직급체계는 '사원 → 대리 → 과장 → 차장 → 부장 → 임원' 순이며, 정년은 55세지만 정년 이후에도 계약직 형태로 근무할 수 있다.

한편 그동안 지상조업을 위탁하던 제주항공과 티웨이항공이 자체 지상소업사 인수 및 설립에 나서서 2017년 연말에 설립할 예정이다. 이에 따라 국내 모든 항공사가 여객 서비스와 화물 하역을 포함한 항공 관련 지상 업무를 올해 연말부터 직접 수행하게 된다. 회사들은 자사 채용 홈페이지를 통해 지상조업 관련 인력을 수시로 채용할 것이므로 일정부분 채용 수요는 지속해서 있을 것이다.

03
항공기 유도사

1. 항공기 유도사란?

항공기 유도사는 흔히 마샬러(marshaller)라고 부른다. 마샬(marshel)이란 단어가 (물건을) 정비하거나 정돈하거나 사람을 안내한다는 뜻을 가지고 있는데, 공항의 마샬러는 보통 항공기 지상 조업사에 소속된 사람들로서 양손에 주황색 패들을 들고 양팔을 높이 들어서 앞, 뒤, 옆으로 뻗었다 접었다 하면서 수신호로 항공기가 정해진 위치까지 유도하는 비행기 주차요원이다.

항공기가 공항 활주로에 착륙한 다음 활주로를 빠져나와 유도로를 거쳐서 계류장으로 접근하여 지정된 탑승교에 갖다 붙이는 접현(接舷)을 할 때까지를 담당한다.

2. 항공기 유도사가 하는 일

항공기 유도사는 항공기 운항 스케줄에 따라 유도할 항공기의 편명, 소속 항공사, 유도시간 등을 확인한 다음 계류장에 들어온 항공기에 승객이 오르거나 내릴 때, 화물을 싣거나 내리기 위해 항공기가 정해진 장소(spot)에 진입하도록 항공기 조종사에게 수신호 및 각종 신호용 도구를 사용하여 안내한다. 이때 양손에 주홍색 패들(Paddle, 유도판)을 들고 양팔을 높이 들어서 앞으로 뒤로 옆으로 뻗었다 접었다 하면서 수신호로 항공기가 정해진 위치까지 오도록 유도한다. 조종실에서는 정지선이 보이지 않기 때문에 이들은 끝까지 조종사와 눈을 맞추면서 선회, 직진, 서행, 정지 등의 신호를 보내서 노란색 정지선에 정확하게 앞바퀴가 정렬하도록 한다.

항공기가 정지선에 도착하면 항공기 조종사에게 각종 정보를 제공한다. 마지막으로 항공기 이륙 시 출발 위치로 유도한 후 출발 신호를 보낸다.

3. 항공기 유도사가 되는 방법

항공기 유도사가 되려면 소정의 교육을 거쳐 시험에 통과해야 한다. 항공기 유도사에게 필요한 자격증은 회사의 장비작동 면허와 같은 한정면허이다. 이를 취득하기 위해 신임 유도사 양성과정 같은 사내 자격시험에 응시하면 된다. 최근에는 여성들의 진출이 늘고 있다.

4. 항공기 유도사의 근무 여건 및 전망

항공기 유도사들은 눈에 잘 띄는 색깔 있는 형광 조끼를 입고, 비행기 소음에 대비해 귀에는 방음 레시버를 끼고 일한다. 또한 항공기를 바라보아야 하므로 눈을 보호하기 위한 아이프로텍션 고글을 쓰고 있다. 저녁이나 안개, 눈, 비 등 악천후에서도 비행기 조종실에서 잘 볼 수 있도록 발광 유도판을 사용하고 있다.

최근에는 공항마다 서비스 경쟁이 심해져서 여성 항

△ 마샬러의 눈높이 서비스

공기 유도사(마샬러)를 배치하는 공항도 늘고 있다. 특히 도쿄 나리타 공항과 오사카 간사이 공항은 모두 깔끔하게 제복을 차려입은 여성 항공기 유도사가 활약 중이다. 곤돌라처럼 생긴 스태프카에 타고 조종실 높이까지 올라와서 항공기를 유도하며 '눈높이 서비스'라고 부르는 항공기 유도 서비스를 실시해 공항의 명물로 알려졌다.

지상 이동 시에는 조종사가 보지 못하는 사각이 많기 때문에 안전한 이동을 위해서는 이 마샬러의 도움이 절대적으로 필요하지만, 수요가 많지는 않을 것으로 예상된다. 최근에는 항공기 시각접현 유도장치(VDGS, Visual Docking Guidance System, 주기장 진입 유도장치로 위치, 거리 등을 자동으로 감지해 조종사에게 시각적 지시를 내리는 시스템)가 마샬러를 대신하기도 한다. 인천국제공항에서는 VDGS가 있어 계류장의 탑승교에 접현할 때 정밀한 위치결정을 해주고 있다. 다만 비행기의 안전을 위하여 현재로서는 VDGS와 함께 항공기 유도사를 병행 투입하고 있다.

Airport

04
탑재 관리사

1. 탑재 관리사란?

현존하는 상용 항공기 중 가장 많은 승객을
실을 수 있는 여객기는 에어버스사에서 제작한 A380으로 2층 구조로 길이는 73m,
1만 5,200km까지 논스톱으로 운항이 가하며 최대 853석까지 승객을 실어 나르는, 기
내 좌석을 기준으로 세계에서 가장 큰 여객기다. 한편 미국에 본사를 둔 세계적 물류 운
송업체 UPS가 B747-8 화물기 총 14대를 추가 구매해서 2020년까지 배치할 예정이
다. UPS가 구입한 B747-8 화물기는 상부 화물실(Main Deck)과 하부 화물실(Lower
Deck)에 최대 34개와 14개의 선적 컨테이너를 각각 수용할 수 있다. 이 화물기는 최대
13만 9,525kg 또는 약 3만개의 포장물을 실을 수 있고 최대 8,307km를 운항한다고
한다.

보통 비행기 자체 무게만도 100톤이 넘는다. 여기에 운항에 필요한 연료도 최대 100톤, 여기에 다시 승객이나 화물 최대 탑재량 100톤을 더하면 약 300톤이 넘는 쇳덩어리가 하늘을 날고 있는 셈이다.

탑재 관리사, 혹은 항공화물 탑재 관리사(AIR LOAD MASTER)는 항공기 탑재업무를 안전하고 효율적으로 수행할 수 있도록 항공기에 탑재되는 화물의 계측결과와 기상 상황과 같은 각종 운항정보를 바탕으로 항공기의 무게중심을 설정하고, 항공기에 실리는 화물, 승객, 연료 등을 최적으로 분배하여 탑재계획을 세우고 운항에 필요한 정보를 조종사에게 제공함으로써 수백 톤에 달하는 항공기가 안전하게 목적지까지 운항할 수 있게 한다.

2. 탑재 관리사가 하는 일

탑재 관리 업무에서 가장 중요한 부분은 안전운항이다. 그리고 안전운항을 위해서는 무게균형(Weight and Balance)이 무엇보다 중요하다. 탑재관리(Load Control)란 말 그대로 사람이 탑승하고 수하물과 화물이 탑재된 항공기의 이착륙 성능을 감안해 탑재 무게를 산정하고 항공기의 중량을 적절히 배분(Weight & Balance, W&B)하는 작업을 말한다.

탑재 관리사가 하는 일을 살펴보면 첫째, 항공기의 적절한 무게중심을 산출하고 항공기의 무게중심이 지정된 범위를 초과하지 않는 범위 내에서 승객의 좌석배정이 효율적으로 이루어질 수 있도록 좌석관리를 한다. 둘째, 항공기에 탑재되는 수하물, 화물, 연료 등의 중량이 초과하지 않도록 한다. 셋째, 적절한 중량 배분을 통해 연료 소모를 최소화하고 항공기 공간을 최대 활용하여 경제운항에 기여할 수 있도록 항공기의 무게균형을 관리한다.

사실 우리는 탑재 관리사를 볼 기회가 거의 없다. 이들은 승객을 직접 상대하지는 않고 다만 적절한 계획서를 작성하고, 수속 진행 상황을 모니터링하며, 수속 마감 후에는 정확한 데이터를 토대로 탑재서류을 작성하여 최종적으로 조종사에게 전달하는 숨은 공항 업무의 일꾼이기 때문이다.

3. 탑재 관리사의 근무 여건과 전망

탑재 관리사는 화물운송 경험을 다년간 갖춘 직원 중에서도 전문교육은 물론 엄격한 시험을 거쳐 선발된다. 항공기의 다양한 기종에 맞춰 탑재관리를 해야 하므로 전문적인 교육을 이수하고, 탑재관리 자격을 부여받아야 될 수 있다. 탑재 관리사는 출발시간(CUT-OFF) 이전에 승객을 탑승시키고, 화물을 적재시킬 수 있게 해야 한다. 이런 일이 가능하려면 정확한 화물 및 승객의 탑재수량 및 중량배분이 시간 안에 이루어져야 하고, 정확한 비행계획 수립 및 급유, 기내 서비스용품 재보급 등의 작업이 제시간 내에 원활하게 이루어지도록 해야만 가능하다. 화물의 잠금장치가 제대로 걸려있는지 하나하나 확인해야 한다. 따라서 이런 모든 일이 원만히 이루어지려면 다양한 사람과 협력해야 한다. 항공기 내 화물을 적재하고 각 적재함에 잠금장치를 설정한 다음 하나하나 꼼꼼히 확인하는 세심함과 위기에 대처하는 순발력, 협동심이 요구된다.

항공화물은 몇 kg에서 수십 톤이 넘는 것도 있고, 위험물질이나 살아 있는 동물, 변질되기 쉬운 화물, 반도체, 전자패널 등 조심히 다루어야 하는 화물까지 형태나 특성이 다양하다. 따라서 규정에 맞추어 서류와 제반 사항을 꼼꼼히 확인해야 하고, 화물기가 여객기 등 이용량이 많은 주간의 번잡함을 피해 주로 야간에 뜨고 내려 탑재 관리사도 화물기 스케줄에 따라 야간 근무가 많다.

4. 탑재 관리사의 근무 여건

항공화물은 반도체, 휴대전화, 바이오 제품 등 고가품이 많아 탑재와 운송이 까다롭다. 탑재 관리사는 접수단계에서부터 화물 특성을 파악해 항공기 공간과 이륙 가능한 허용중량 범위 안에서 최대한 탑재할 수 있도록 계획을 세우고 조업 담당자들을

관리 감독한다.

따라서 탑재 관리사는 화물운송 경험을 다년간 갖춘 직원 중에서도 전문교육은 물론 항공기 일반, 정비, 운항관리, 지상조업, 전세기 계약 등 엄격한 교육과 시험을 거쳐 선발된다. 현재 대한항공에는 70여 명의 탑재 관리사가 근무하고 있다.

대한항공에서 화물 주력기인 B747-400의 무게는 350톤 정도이다. 항공기 자체 무게 150톤에 연료 100톤, 화물 100톤을 싣고 안전하게 이착륙하기 위해서는 무엇보다 화물 특성을 고려해 적절히 배분, 탑재해야 한다. 일반 화물기에는 화물탑재용기(ULD)가 상부에 30개, 하부에 9개 탑재되는데 이들의 위치를 지정하고 최종적으로 연료와 화물의 적절한 무게 배분을 작성해 조종사에게 제출하는 것까지 탑재 관리사들의 임무이다.

탑재 관리사는 화물수송 전반을 책임지는 중요한 역할을 하지만 공항에서 작업하는 모습을 보기 힘들다. 화물기가 여객기 등 이용량이 많은 주간의 번잡함을 피해 주로 야간에 뜨고 내려 탑재 관리사도 화물기 스케줄에 따라 야간 근무가 많기 때문이다.

이뿐만 아니라 항공화물은 몇 킬로그램에서 수십 톤이 넘는 것도 있고, 살아 있는 동물이나 변질되기 쉬운 화물을 비롯해 반도체 등 조심히 다루어야 하는 화물까지 형태나 특성이 다양하다. 그중에서도 위험물의 경우 항공기 안전에 큰 영향을 미치기 때문에 규정에 맞추어 서류와 제반 사항을 꼼꼼히 확인해야 한다. 이러한 특성 때문에 탑재 관리사들은 낮부터 밤까지 시간과 관계없이 일해야 하는 경우가 많다.

05
탑승교 운영요원

1. 탑승교 운영요원이란?

우리가 비행기를 타기 전에 볼 수 있는 탑승장비운전원은 크게 두 타입이다. 하나는 스텝카(step car : 계단이 부착된 차량)이다. 운영요원은 항공기에 탑승하거나 내리는 승객의 편의를 돕기 위하여 스텝카를 운전하여 출입문에 부착한다. 다음으로 바퀴를 고정하고 출입구의 높이를 조정한다. 항공기가 로딩브리지(loading bridge : 터널식 탑승장비)의 옆에 정지하면 스위치를 조작하여 항공기의 출입구에 로딩브리지의 입구를 맞추는 일을 하는 요원을 탑승교 운영요원이라고 한다.

공항 활주로에 착륙한 항공기가 계류장에 도착하면 탑승교가 항공기 도어를 향해 접근해 온다. 이때 탑승교 시설을 기체에 붙이는 것을 접현(接舷)이라 하는데, 이 작업을 하는 사람이다. 탑승교는 승객이 게이트에서 항공기에 바로 타거나 내릴 수 있도록 설

치된 구름다리 형태의 터널형 연결통로다. 흔히 Jet Bridge, Jetway, Loading Bridge, Passenger Walkway, Passenger Boarding Bridge 등 나라에 따라 다양한 명칭으로 불린다.

2. 탑승교 운영요원이 하는 일

탑승교 내부에는 냉난방 조절장치 등이 설치되어 있으며, 항공기 동체와 이동 탑승교 범퍼 끝단의 떨어진 거리는 최소한 1.5m 이상 유지되도록 한다. 탑승교 운전은 별 대수롭지 않게 보이겠지만 고도의 기술과 오랜 경험을 필요로 하는 업무이다. 만일 잘못 붙이다가 항공기 동체에 손상이 생기면 비행 자체에 문제가 발생한다. 항공기의 경우 고도 1만 미터 상공의 바깥온도는 −50℃ 내외이며, 순항속도는 마하 0.78, 기압은 지상(1기압)보다 낮은 0.7~0.8기압이라는 환경에서 비행하므로 기류의 흐름에 따라서는 안전사고로 연결될 수도 있기 때문이다. 운항을 못하고 수리에 엄청난 금전적 손실이 발생할 수 있다. 따라서 어느 공항이든 탑승교 운영은 전문가들에게 맡기고 있으며, 탑승교 시설에 대한 안전검사는 안전진단 전문기관에서 5년마다 정기적으로 실시하고 있고, 운전자 및 보수자에 대하여도 정기교육을 실시하고 있다.

탑승교는 트랩카와는 달리 브레이크, 기어 쉬프트, 엑셀, 핸들 등 모든 것을 1개의 레버를 움직여 조작하기 때문에 고도의 기술이 필요하다. 조작할 때는 차량에 대한 감각과 두뇌 회전이 동시에 필요하다.

주기장 바닥에는 A380, B747, A300, B777, B737 등 기종별로 정지선이 그려져 있다. 이는 항공기 종류에 따라 앞바퀴와 출입문 간의 길이가 다르기 때문에 탑승교가 이동하여 항공기 도어에 부착시킬 수 있는 곳이라는 뜻이 된다. 현재 인천국제공항에는 아웃소싱을 주어 운영하고 있다.

3. 탑승교 운영요원이 되는 방법

현재 인천공항에선 133개 탑승교가 운용 중이며 180여 명의 전담직원이 상시 근무하고 있다. 특별한 자격은 없고 학력이 고졸 이상이면 가능하다. 현재로서는 제일 마지막 급수가 7급인데, 7급 요원 자격요건이 고졸 이상이다. 그다음 급수로 올라갈수록 현장근무 경력이 1년, 3년, 5년 등을 필요로 한다. 입사한 후에 자체 교육을 이수한 사람에 한해서 공항공사가 정해주는 자격증을 받게 되고, 이후에는 공항에 투입되어 탑승교를 운전할 수 있게 된다.

한편 인천국제공항공사는 세계 최초로 개발한 '공항 탑승교 운영(PBB) 교육과정' 프로그램이 지난 2017년 7월에 유엔 산하 국제민간항공기구(ICAO)의 '국제표준' 인증 절차를 받았다. 이를 통해 탑승교 운용기술을 체계적으로 교육할 수 있게 되어 보다 안전하고 효율적인 운영이 가능해졌고, 세계 각국 공항에 노하우를 전파할 수도 있다고 한다.

탑승교 운영요원

정연숙

Q 탑승교 운영요원은 무슨 일을 하나요?

탑승교란 항공기가 출발, 도착할 때 공항과 항공기를 연결시켜 주는 다리를 말합니다. 저희는 그 탑승교를 항공기에 붙이고(접현), 떼어내는(이현) 일을 합니다. 한 마디로 탑승교 운전을 하는 겁니다. 탑승교 운전자라고 하면 더 쉽게 와 닿을 것 같네요.

Q 탑승교가 왜 필요한가요?

승객들이 공항 안에서 항공기에 탑승하려면 어떻게 해야 할까요? 비행기의 문은 사다리를 통해 올라가야 할 만큼 높은 곳에 있습니다. 때문에 항공기에 탑승하기 위해 승객들은 사다리 계단을 타고 올라가야 합니다. 요즘도 이렇게 타는 경우가 있지만 대부분 공항 안에서 항공기 문 쪽으로 탑승교, 즉 다리를 놓아 건너갈 수 있게 하는 방법을 이용합니다. 승객 입장에서는 아무래도 탑승교를 통한 탑승이 훨씬 더 수월하고 안전하기 때문에 탑승교 운영요원이라는 직업이 생겨났습니다.

Q 탑승교는 어떻게 움직이나요?

항공기 동체를 보면 문이 있는데, 탑승교 안에 있는 캐빈에 조작반으로 저희가 직접 운전하여 항공기 문에 붙이는 접현을 합니다. 이렇게 하여 항공기와 탑승교가 연결되면 승객들은 탑승교를 통해 항공기에 오르거나 내립니다. 승객들의 탑승이나 하기가 완료되면 마지막으로 항공기 문에서 탑승교를 떼는 작업인 이현을 합니다.

접현(이현) 방식은 항공기 문이 밖으로 열리느냐, 안으로 열리느냐에 따라 다릅니다. 탑승교를 항공기 문에 너무 가까이 붙여서도 안 되지만 너무 멀리 떨어뜨려도 승객이 항공기에 탑승하는 데 위험할 수 있으므로 적당한 거리를 유지해야 합니다.

탑승교 운전이 간단해 보일 수 있지만 집중력과 많은 경험을 필요로 하는 일입니다. 자칫 잘못해서 항공기 동체를 살짝 긁기라도 한다면 바로 안전과 직결되거든요. 자동차라면 문짝이나 범퍼가 살짝 긁혔다 하더라도 주행에는 큰 지장이 없잖아요. 그러나 항공기는 다릅니다. 공중에서 자동차보다 몇 배 더 빠른 속도

> 탑승교 운전이 간단해 보일 수 있지만
> **집중력과 많은 경험을 필요로 하는 일**입니다.
> 자칫 잘못해서 항공기 동체를 살짝 긁기라도 한다면
> 바로 안전과 직결되거든요.

로 날고 압력도 많이 받기 때문에 동체 손상이 있다면 수리를 하거나 심각할 경우 비행취소로까지 연결될 수도 있습니다. 그렇기 때문에 탑승교 운전은 굉장히 조심스러운 작업입니다.

Q 탑승교 운영요원도 자격증이 필요한가요?

필요합니다. 저 같은 경우엔 인천국제공항이 개항할 때 시작했기 때문에 당시 개항준비와 함께 약 3개월의 교육과정을 이수하고 시험을 통해 탑승교 운전자격을 획득했습니다. 요즘은 인천공항공사 협력업체에 입사하면 탑승교 운전교육 2주 과정, 운영업무와 직무교육 이렇게 총 70시간 교육을 거친 후 실기시험과 필기시험에서 80점 이상 받은 사람에 한해서 자격증을 주고 있습니다.

Q 일하면서 가장 신경 쓰는 점이 있다면 무엇인가요?

일의 특성상 항상 긴장하고 조심해야 한다는 점입니다. 접현과 이현하는 데 걸리는 시간은 3~4분을 넘지 않습니다. 자칫 단순한 직업이라 많은 경력이 필요 없다고 생각할 수도 있는데, 사실 매번 다른 항공기, 다른 날씨, 다른 상황에서 해야 하는 까다로운 작업이거든요. 탑승교 운영요원은 경력이 쌓일수록 더욱 긴장해야 하는 직업 같아요. 사고는 10년 차나 2년 차나 구분 없이 일어날 수 있기 때문이지요. 기계로 하는 일이고 어느 순간 어떻게 될지 모르는 것 아닙니까? 경력이 쌓였다고 해도 절대 방심하면 안 됩니다.

Q 탑승교 운영요원이라는 직업을 처음 접하게 된 때는 언제인가요?

대학에서 관광경영학을 전공한 후 항공사나 공항 쪽에서 일하고 싶어 찾다가 인천국제공항이 개항한다는 걸 알게 되었습니다. 한국산업인력공단 사이트에 들어가 공항이나 항공사에서 할 수 있는 일이 뭐가 있나 찾아보니까 탑승교 운영요원이라는 직업이 있더라고요. 탑승교가 도대체 뭘까, 생소하면서도 호기심이 생겼어요. 일단 공항업무니까 부딪혀 보자 해서 지원하게 되었습니다.

Q 탑승교 운영요원이 갖춰야 할 제일 중요한 덕목은 무엇이라고 생각하나요?

직원들 간의 관계, 즉 대인관계를 잘 풀어나가는 능력인 것 같아요. 인천국제공항의 경우 50여 개의 게이트가 있습니다. 3개의 게이트를 2명의 탑승교 운영요원이 담당하고 있습니다. 항공기 크기에 따라 중소형 비행기는 탑승교를 하나 붙이고, 대형 비행기는 두 개를 붙여야 합니다. 이때는 두 사람이 동시에 붙여야 해요. 같은 방향으로 움직이다 보면 탑승교끼리 부딪칠 수도 있기 때문입니다.

A380 같은 경우 문이 세 군데에 있기 때문에 탑승교를 세 개나 붙여야 해요. 세 개를 붙이려면 탑승교 운영요원은 3명이 아니라 4명이 있어야 해요. 왜냐하면 탑승교와 탑승교 거리가 너무 가까워서 한 명은 전체를 컨트롤해주며 봐줘야 하기 때문입니다. 안 그러면 사고가 날 수 있어요. 때문에 동시작업을 하려면 탑승교 운영요원끼리 호흡이 잘 맞아야 해요. 서로 양보하는 마음, 배려하는 마음 그런 게 가장 중요한 것 같아요. 자기 입장만 생각하고 일을 진행하면 서로 갈등이 생기고, 사고로 이어질 수 있으니까요.

117

06
항공 정비사

1. 항공 정비사란?

항공기의 안전유지를 위하여 비행 전·후 주기적으로 항
공기를 점검·정비하며, 비행 중 또는 지상에서 발견한 결함
을 수리하고, 예상되는 결함을 사전에 제거하여 항공기를 항상 최적의 상태로 유지하기
위해 노력하는 사람이다. 항공기가 있다면 반드시 항상 항공 정비사가 있어야만 운항이
가능하다. 항공기 정비는 대부분 컴퓨터 프로그램 제어를 통해 이루어지며, 정비 지침
서(Maintenance Manual) 절차에 따라 정비를 수행한다.

2. 항공 정비사가 하는 일

항공 정비 분야는 매우 다양하기 때문에 분야별로 근무형태도 다르다. 실내에서 정밀작업을 하기도 하고 실외에서 근무하기도 한다. 항공 정비사는 크게 일선(라인) 정비사와 공장 정비사로 구분된다. 일선 정비사는 항공기의 매 비행 시 혹은 중간점검 시마다 기체점검을 시행하여 운항에 아무런 지장이 없다는 것을 승인하는 일을 한다. 공장 정비사는 항공기 정비에 사용되는 주요장비를 점검하고, 장착되어도 아무런 지장이 없다는 것을 승인하는 일을 한다.

3. 항공 정비사가 되는 방법

(1) 대학의 관련 학과 입학

항공 정비사가 되려면 대학의 항공우주학과나 항공기계, 항공전자 등의 학과에 진학하는 것이 유리하다. 기계공학, 전기공학, 전자공학 등도 괜찮다. 참고로 항공 정비관련 학과가 있는 2년제 대학은 인하공업전문대학, 한국폴리텍대학, 군장대학, 고구려대학, 대구공업대학 등이며, 4년제 대학은 한서대학교, 극동대학교, 초당대학교, 경운대학교, 중원대학교 등이 있다. 일반 사설학원도 많은데 서울한서항공직업전문학교, 한국항공직업전문학교, 인하항공직업전문학교, 아세아항공전문학교, 청연직업전문학교 등이 있다.

또한 군에서 정비부사관으로 근무한 후에 항공사에 특채되는 방법, 항공사 공채를 통하는 방법 등도 있다. 이 경우 고등학교 졸업 후 군 부사관으로 군 복무를 하면서 군 항공기를 정비한 후에 민간 항공사의 항공 정비사로 가는 방법이다. 참고로 군 부사관으로 갈 수 있는 고등학교에는 공군항공과학고등학교, 정석항공과학고등학교, 경북항공고등학교, 강호항공고등학교 등이 있다.

(2) 자격증 취득

항공 정비사가 되기 위해서는 교통안전공단에서 시행하는 항공 정비사 자격시험에 합격하여 자격증명을 취득해야 한다. 항공 정비사 시험에 응시하려면 대학의 항공정비 관련 학과에서 공부한 후 실무경력 1~2년 이상인 사람이어야 가능하다. 대학에서 관련 공부를 하지 않은 경우에는 항공기 정비 실무경력이 3년 이상이어야 한다. 아니면 국토교통부가 인정하는 교육기관을 수료하면 가능하다. 교육기간은 보통 2년이며 수료하면 실무경력 없이 항공 정비사 시험에 응시할 수 있다.

(3) 취업

항공 정비사로 일할 수 있는 곳은 항공 운송사업체인 대한항공, 아시아나항공, 제주항공, 진에어, 에어부산, 이스타항공, 티웨이항공, 에어인천 같은 항공사들이다. 일반적으로 항공사 채용조건을 보면, 학력은 2년제 대학 졸업 이상, 항공 정비사 자격증 소지자, 영어는 항공기 정비 설명서 독해가 가능한 사람에 한한다. 항공사 외에 갈 수 있는 곳은 항공기를 보유한 소형 운송사업체, 항공기 사용사업체, 국가기관 및 업체, 항공기 생산 및 부품 제조업체 등이다.

4. 항공 정비사의 근무 여건 및 전망

현재 항공 정비사로 일할 수 있는 곳은 항공 운송사업체인 대한항공, 아시아나항공, 제주항공, 진에 등과 같은 항공사들이다. 일반적으로 항공사 채용조건을 보면, 학력은 2년제 대학 졸업 이상, 항공 정비사 자격증 소지자, 영어는 항공기 정비 설명서 독해가 가능한 사람에 한하고 있다. 항공사 외에 갈 수 있는 곳은 항공기를 보유한 소형 운송사업체, 항공기 사용사업체, 국가기관 및 업체, 항공기 생산 및 부품 제조업체 등도 있다. 또한 항공 정비사 자격증이 있으면 육해공군 기술부사관이나 장교가 될 수 있고, 국토교통부, 검찰청, 산림청, 소방청 등의 공무원 분야로도 진출할 수 있다.

현재 항공 산업의 성장과 함께 항공기의 도입은 꾸준히 늘어나고 있는 데 비해 21세기 전문기술 영역으로 꼽히는 항공 정비사는 부족한 실정이며, 앞으로 항공기 정비사의 부족 문제는 상당 기간 계속될 전망이다. 이러한 시대적 흐름에 맞추어 항공 정비사의 인기는 갈수록 높아지고 있다.

다만 항공 정비사의 근무 여건은 그리 만만한 것이 아니다. 대부분의 항공 정비사의 업무가 항공기 내 또는 격납고 내에서 이루어지지만, 외부에서 작업해야 할 경우도 많다. 겨울철에는 매서운 한파를 이겨내어야 하고, 여름철에는 뜨거운 계류장 아스팔트의 복사열을 견뎌야 한다. 또한 항공기 정비는 최종 정비사의 서명이 있어야 종료되기에 서명 정비사는 항공기의 안전에 막대한 책임감을 가질 수밖에 없다. 심적 부담감도 상당하다. 항공기가 24시간 운항하므로 정비사들도 스케줄에 따라 교대 근무를 한다. 대부분 인천, 김포, 김해, 제주공항 등 규모가 있는 국제공항에서 근무하며 작은 공항에는 소수 인원만 근무한다. 또 일부 항공 정비사들은 우리나라 비행기가 외국 비행장에 머물 때 점검해야 하므로 외국에서 근무하기도 한다.

우리나라에는 약 4,000여 명의 항공 정비사가 있다고 한다.

항공 정비사의 직급체계는 항공사마다 다르지만 보통 '기술기사 → 선임 기술기사 → 기술감독 → 선임 기술감독 → 수석 기술감독' 순이다. 항공 정비사의 정년은 55세지만 정비사의 부족으로 인해 정년 후에도 계약직 형태로 계속 일할 수 있다.

07
항공운항 관리사

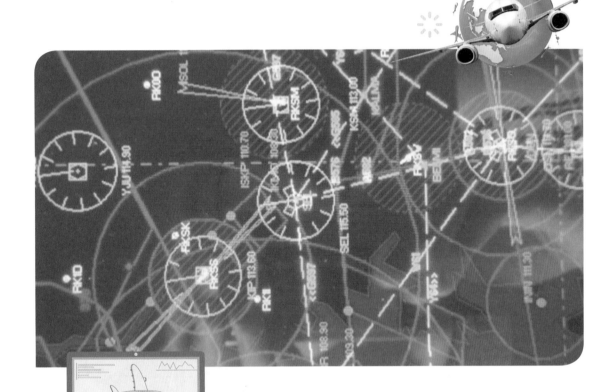

1. 항공운항 관리사란?

비행기가 무사히 하늘을 날아 목적지까지 이동하는
데에는 항공기 조종사의 조종능력뿐만 아니라 여러 사람의 도움이 필
요하다는 것은 앞에서 살펴본 것처럼 공항에서 근무하는 다양한 직
업군으로 사람들로 잘 알 수 있었다. 그중에는 비행항로 선택, 비행거리
산출, 소요 연료량 계산, 화물과 승객의 위치 배분, 예상지점 및 시간의 항
공기상 추정 등 각종 항공정보를 바탕으로 비행계획서를 작성하여 조종사에게 알려주는
이른바 지상의 조종사라고 불리는 항공운항 관리사가 있다. 항공운항 관리사는 조종사
의 비행을 돕는 한편 항공기가 목적지에 도착할 때까지 비행 스케줄에 따라 운항하고 있
는지 지속해서 체크한다.

항공기는 높은 고도에서 압력과 많은 짐, 바람과 기상의 영향 등을 많이 받기 때문에 이에 대한 철저한 조사와 준비가 필요하다. 자칫 그냥 지나쳤다가 큰 사고가 발생할 수도 있기 때문이다. 여기에 각국의 기상정보와 제한사항, 북한의 미사일 발사와 같은 돌발상황 등의 운항정보를 완벽히 알고 있어야 안전한 비행을 할 수 있다. 과거 아이슬란드 화산폭발로 폐쇄되었던 영국 히스로공항이나, 최근 발리의 최고봉인 아궁산 화산폭발로 롬복공항이 폐쇄되는 등 전혀 예기치 않은 일들도 생겨난다.

항공운항 관리사는 이런 모든 정보를 알고 있어야 하고, 비행 도중 갑자기 응급환자가 발생하거나 돌발사고가 났을 때 가장 올바른 해결책을 찾아 제시하는 역할도 하고 있다.

2. 항공운항 관리사가 하는 일

지난 2017년 8월 기준으로 우리나라가 세계 10대 수출국 가운데 수출 증가세 1위를 기록했다. 그리고 이 지표는 국제항공운송협회(IATA)의 항공 운송량과 컨테이너 항만 처리량 증가에 힘입어 상향 조정됐다. 우리나라 항공 운송량은 세계 5 ~ 7위 규모로 빠른 속도로 물량을 키워나가고 있다.

이런 실적은 항공기 조종사의 조종능력과 더불어 비행기의 이상 유무를 점검하고 보수하는 항공 정비사, 하늘의 교통정리를 담당하는 항공교통 관제사, 안전하고 효율적인 비행계획을 준비하고 설계하는 항공운항 관리사를 포함해서 공항의 모든 근무자들의 24시간 노력의 합작품이라 할 수 있다.

그 가운데 항공운항 관리사의 주요 업무는 비행계획을 세우고, 운항허가를 확인하여 이를 조종사와 항공 종사자들에게 브리핑하고, 비행 감시를 통하여 비정상적인 상황이 발생할 경우 대처방안을 찾아 항공기 조종사의 안전비행을 돕는 것이다.

항공운항관리사가 작성하는 비행계획서에는 비행항로 선택, 비행거리 산출, 소모되는 연료량, 화물의 배치 등등 비행기가 운행하는데 있어 필요한 항공정보를 모두 담고 있다. 단순하게 생각하면 항로를 정해주고 거리를 산출하는 것처럼 보이지만 비행기는 자동차와 달리 고도의 선택과 기상 상태에 따라서 경로나 연료 사용량에서 막대한 차이 나기 때문에 철저한 조사와 준비가 필요하다.

이밖에도 비행기가 이륙을 하고 항공교통관제

사의 통제가 끝나는 시점부터 비행기가 운항하는 모든 상황을 관리, 감독하는 일을 맡고 있다.

항공운항 관리사들이 근무하는 종합통제센터의 한쪽 벽면 대형 모니터에는 지도와 함께 항공기의 실시간 이동상황이 표시돼 있어 항공기의 항로와 기상상태, 난기류, 비구름의 위치를 확인할 수 있고 이런 정보를 항공기에 전달한다. 또한 누적된 정보는 이미 경험한 항공기의 답변을 통해서 정보를 취합, 비슷한 항로를 비행하는 항공기에게 전달하는 역할도 하고 있다.

3. 항공운항 관리사가 되는 방법

항공운항 관리사로 일하기 위해서는 대학의 항공운항 관련 학과를 졸업하고 국토교통부 교통안전공단에서 시행하는 국가 전문 자격시험을 통과해야 한다. 응시 자격조건은 만 21세 이상으로, 국토교통 부장관이 지정한 전문교육기관에서 항공교통관제사에 필요한 과정을 이수한 자(이수예정자를 포함), 자격증명이 있는 자의 지휘·감독하에서 9개월 이상 관제실무를 행한 경험이 있거나 민간 항공에 사용되는 군 시설에서 9개월 이상 관제실무를 행한 경험이 있는 자, 항공기 조종사의 경력이 1년 이상인 자, 항공사로서 항공기에 탑승한 경력이 1년 이상인 자, 교육법에 의한 전문대학 이상의 교육기관에서 항공교통관제사에 필요한 과정을 2년 이상 이수한 자로서 6개월 이상의 관제 실무 경험이 있는 자 등으로 엄격히 제한되어 있다.

시험과목은 필기(항공법규, 항공기, 항공보안시설, 무선통신, 항공기상, 기상통보, 천기도 해독, 공중항법)와 실기(기상도의 해독 및 지표면도·천기도 등의 기상도에서 항공기의 항행에 관한 기상상태의 예상 등)로 나뉜다. 경력사항에 따라 시험의 일부 또는 전부를 면제받을 수도 있다.

(1) 대학의 항공운항 관련 학과에 입학

일반적으로 항공운항 관리사는 4년제 대학 졸업 이상 또는 이에 준하는 학력을 갖춘 사람에 한해 선발하고 있다. 특별히 전공 제한이 있는 것은 아니지만, 항공 분야 전공자를 우대한다. 운항 관리사는 좀 특수한 분야이며 필요 인원도 소수이므로 교육을 하는 곳이 많지 않다. 운항 관리사 교육을 받으려면 한국항공대학교의 항공교통물류우주법학부에서 항공교통 전공을 이수하거나 한서대학교의 항공학부에서 항공교통과를 이수해야 한다.

(2) 자격증 취득

운항 관리사 자격증을 취득하기 위해서는 교통안전공단에서 시행하는 자격 증명시험에 합격해야 한다. 시험은 연 5회에 걸쳐 시행되는데, 한국항공대학교 또는 한서대학교에서 운항 관련 교육을 이수한 후에 응시할 수 있다. 그 외에 조종사 자격증 소지자, 항공교통 관제사 자격증 소지자 및 항공운송 사업체에서 운항관리, 항공기상 업무 등을 일정 기간 수행한 경력이 있는 사람도 응시할 수 있다.

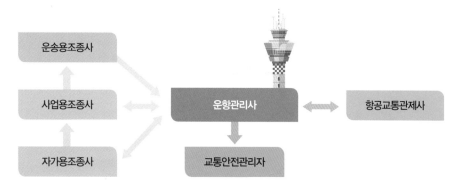

🔺 운항관리사 지준 자격증 관계도

❶ **운항 관리사:** 운항 관리사가 항공교통 관제사 자격시험에 응시하는 경우 학과시험 중 항행안전시설, 항공기상 과목의 시험을 면제한다. 또한 항공교통 관제사 자격증명을 취득한 후 2년 이상의 관제실무 경력이 있는 사람은 운항 관리사 자격시험에 응시할 수 있다.

❷ **조종사:** 자가용 조종사, 사업용 조종사, 운송용 조종사가 항공교통 관제사 자격시험에 응시하는 경우 학과시험 중 항공기상 과목의 시험을 면제한다. 또한 항공교통 관제사가 자가용 조종사, 사업용 조종사 자격시험에 응시하는 경우 학과시험 중 항공기상 과목의 시험을 면제한다.

❸ **항공교통 관제사:** 항공교통 관제사가 교통안전 관리자 시험에 응시할 경우 선택과목 및 국가자격 시험과목 중 필수과목 시험을 면제한다.

(3) 취업

운항 관리사가 취업할 수 있는 곳은 항공 운송사업체인 대한항공, 아시아나항공, 제주항공, 진에어, 에어부산, 이스타항공, 티웨이항공, 에어인천 같은 항공사들이다. 항공사 외에 항공기를 보유한 업체에서도 운항 관리사를 채용하고 있다. 국내 항공사에서는 운항 관리사 입사 시 직무에 대한 적성과 열정 등을 중요하게 평가한다. 또한 항공 산업은 다양한 국가와의 커뮤니케이션을 필요로 하므로 어학실력도 중요한 입사 조건이 된다.

4. 항공운항 관리사의 근무 여건 및 전망

　　항공운항 관리사는 비행이나 공항, 기상과 관련된 정보를 수집하거나 외국 항공 종사자들과 원활한 의사소통이 필요하기 때문에 외국어 실력이 필수적이다. 또한 비행의 안전을 위해 항공기 무게중심을 고려하여 화물과 승객을 배치해야 하므로 항공기의 역학구조나 비행 시스템에 대한 지식도 필요하고 항로에 대한 정보도 가지고 있어야 한다. 주기적으로 비행기 조종실에 탑승하여 자신이 관리하는 항로를 날아보면서 항로 정보를 취합하기도 한다.

　　운항 관리사가 취업할 수 있는 곳은 항공 운송사업체인 대한항공, 아시아나항공, 제주항공, 진에어 같은 곳과 항공기를 보유한 업체 등이다. 항공운항 관리사는 대부분 인천, 김포, 김해, 제주공항 등 큰 공항의 종합통제센터에서 근무하고 있으며, 외국의 공항에도 일부 인원이 파견되어 있다. 이들은 24시간 내내 자기 회사 항공기의 비행 상황을 점검하고 비상상황이 발생할 경우 즉각 대처할 준비를 해야 하기 때문에 철저히 비행 스케줄에 따라 3교대로 근무하는 것이 보통이다.

　　운항 관리사의 연봉은 항공사나 직급에 따른다. 정년은 55세지만 정년 후에도 자기 능력에 따라 계약직 형태로 계속 일할 수 있는 것으로 파악되고 있다. 또한 국외로 나가는 비행기가 증가하고 있고 저가 항공사가 많이 생기고 있는 등 항공산업이 지속적으로 발전하고 있기 때문에 앞으로 항공운항 관리사에 대한 수요는 계속해서 늘어날 것으로 전망된다.

◆ 아시아나항공 종합통제센터

에어부산 운항 관리사

이현민

Q 운항 관리사는 어떤 일을 하는 사람인가요?

운항 관리사가 하는 일은 크게 비행계획 업무와 운항통제 업무로 나눌 수 있습니다. 비행계획 업무란 운항하기 전에 항공기의 상태, 출발공항과 목적공항의 정보, 항로상의 기상정보, 그 외에 조종사가 조종하는 데 필요한 항공정보와 같은 다양한 정보들을 수집해서 당일 가장 최적의 항로를 선택하는 일을 말합니다. 또한 그날 비행할 수 있는 최적의 고도와 연료소비량 등을 산출해서 비행계획서를 만들게 됩니다. 이 비행계획서를 가지고 운항 승무원(조종사)과의 협의를 통해 비행계획서가 결정되고, 운항 승무원은 이 비행계획서를 바탕으로 비행조종을 하게 됩니다.

운항통제 업무란 날씨나 항공기 상태를 체크하고, 그 내용을 토대로 항공기를 출발시켜야 할지 말아야 할지를 결정하거나 통제하는 업무를 말합니다.

Q 운항 관리사는 어디서 일을 하나요?

에어부산의 경우 김해공항에 있는 운항통제실에 상주하고 있습니다. 팀 명칭은 항공사마다 조금씩 다른데 저희처럼 운항통제팀으로 하는 곳도 있고, 더 큰 범위로서 종합통제팀, 종합통제본부 이런 식으로 구성된 곳도 있습니다. 저희는 운항

통제실에서 비행계획 업무와 운항통제 업무를 모두 하고 있지요.

Q 업무일과는 어떻게 되나요?

저희는 오전, 오후, 야간으로 나누어 3교대 근무를 합니다. 해당 근무시간에 배정된 운항편에 대해 비행계획서를 작성하거나 운항통제 업무를 하고 있지요. 오전근무를 할 때는 주로 비행계획서를 작성합니다. 운항통제 업무는 항공기가 안전 운항을 할 수 있도록 출발부터 도착할 때까지 전 비행과정 전체를 무선 주파수나 다양한 방식을 통해 비행감시(flight watch)를 하는 것입니다.

하늘에 항공기 조종사가 있다면, 지상의 조종사는 운항 관리사라는 말이 있습니다. 조종사는 공중에서 비행을 하고 있지만 운항 관리사는 지상에서 똑같이 비행을 감시하고, 기상이나 항공정보를 체크하고, 위급상황이 발생할 경우 운항 중인 항공기에 조언을 해주는 역할을 하지요.

> 저 비행기 한 대가 이·착륙하기 위해서
> 운항 관리사뿐만 아니라 무수히 많은 분들이
> **항공기 안전운항이라는 하나의 목표**를 위해
> 열심히 일하고 있습니다.

Q 운항 관리사가 되면 어떤 업무부터 하게 되나요?

항공사마다 차이는 있겠지만 에어부산의 경우 처음 입사하면 주로 플라이트 와치, 즉 비행감시 업무를 맡게 됩니다. 출발부터 도착까지 안전하게 운항하는지 다양한 수단을 통해 비행감시를 하는 겁니다. 조종사와의 무전교신 혹은 항공기에서 전송해주는 메시지를 통해 항공기가 언제 출발했는지 어느 위치에 있는지, 또 어느 위치에서 연료가 얼마인지 세심하게 비행감시를 합니다. 요즘에는 새로운 시스템이 도입되어 관제사가 보는 레이더 화면처럼 실제로 항공기가 운항하는 경로를 파악할 수 있습니다. 실시간 현재 위치가 지도에 표시되기 때문에 항공기가 어느 위치로 가고 있는지 세심하게 시각적으로 볼 수 있지요. 이렇게 비행감시 업무를 하게 되면 출발부터 도착까지 항공기 운항이 어떤 흐름으로 진행되는지 전체적인 파악이 가능합니다.

그 다음에 주로 하는 업무는 비행계획서를 작성하는 일입니다. 비행감시와 비행계획서 작성에 익숙해지면 비로소 통제업무를 맡게 됩니다. 비행감시 근무자나 비행계획 근무자를 통솔하면서 전체적인 항공사 스케줄, 운항상황을 총괄 통제하게 되지요. 항공 비행에 있어 예기치 않게 발생한 비정상 상황을 정상화하는 업무가 운항통제 업무의 핵심이라 할 수 있습니다.

Q 운항관리 업무를 하면서 가장 긴장될 때는 언제인가요?

항공은 날씨에 가장 민감합니다. 바람이나 시정, 강수, 강설 등이 착륙이나 이륙하는 데 큰 영향을 미치기 때문입니다. 예를 들어 김포공항 활주로에 안개가 끼어 있다면 심한 경우에는 김포공항에서 출발 자체가 안 되는 경우도 있습니다. 이럴 경우 운항 관리사는 긴장을 하게 되고, 운항 결정을 현장에 맞게 다시 내려야 하는 어려움이 있습니다.

그 외에도 갑작스러운 승객의 요구사항, 탑승했는데 이륙 전 갑자기 아픈 승객이 있어 기내에서 내려야 할 상황이 생긴다든가, 더 심한 경우 운항 중에 아픈 승객이 발생했다면, 계속 목적 공항으로 가야 할지 중간에 회항해야 할지 그런 부분도 결정해야 하거든요. 이럴 때가 가장 긴장되고 힘이 들지요. 이렇게 갑작스러운 문제가 발생하면 각 분야의 모든 의견을 취합해서 하늘에 있는 조종사가 적절하고 안전한 판단을 할 수 있도록 도와주어야 합니다.

Q 운항 관리사 일은 언제부터 시작하셨나요? 그리고 운항 관리사라는 직업을 어떻게 알게 되셨나요?

저는 2010년 2월에 시작했고, 7년 차가 됐습니다. 사실 고등학교 3학년 때까지 운항 관리사라는 직업이 있는 줄 몰랐습니다. 그런데 대학입시를 준비하는 과정에서 항공대학교를 알게 되었고, 항공대학교에 어떤 과가 있는지 알아보는 과정에서 관제사가 되는 과가 있더라고요. 그때까지도 운항 관리사에 대해 잘 모르고 있었고, 조종사와 관제사 정도만 알고 있었어요. 저는 항공대학교 항공교통학과에 진학했는데, 이 학과를 졸업하면 관제사나 운항 관리사가 될 수 있고, 공항공사에서 공무원으로 일할 수 있다는 걸 알게 되었습니다.

항공법상에 항공 종사자 자격증명이라는 게 있는데, 제가 전공한 학과에서는 항공교통 관

제사와 운항 관리사가 자격증이 있었습니다. 그래서 학부 때 두 개의 자격증을 따고, 졸업 후 군 공군장교로 근무하게 되었습니다. 공군에서 전투기를 관제하는 업무를 했는데, 전역 후 무엇을 할까 고민하다가 선배나 동기에게 운항 관리사 업무에 대해 듣게 되었습니다. 듣고 보니 관제사보다는 운항 관리사가 저한테 더 잘 맞을 수 있겠다 싶어 항공사에 취업하게 되었습니다.

운항 관리사의 어떤 점이 더 끌렸나요?

아무래도 운항 관리사는 항공과 관련한 다양한 지식을 알아야 하거든요. 기상뿐 아니라 항공기에 대해서도 정비사에 버금가는 지식이 있어야 하고요. 그 외에도 항공정보나 항공기가 출발부터 도착까지 공항의 규정, 그리고 객실 내에서의 규정, 공항에서 승객을 핸들링하는 규정, 그런 다양한 규정들을 많이 알아야 업무를 할 수 있고, 또 자기의 능력을 더 많이 펼칠 수 있습니다. 사람에 따라서는 그게 부담스러울 수도 있겠지만 저 같은 경우는 운항 관리사라는 직업을 비유를 하자면 오케스트라의 지휘자 같은 느낌이 들더라고요.

운항 관리사에게 필요한 능력과 자질은 무엇이라고 생각하나요?

크게 두 가지가 필요한 거 같아요. 첫 번째, 세심함이 있어야 해요. 어떤 정보에 대해서 자세히 분석하고 사소한 것이라도 그냥 넘기지 말고 짚어봐야 하는 세심함이 필요합니다. 두 번째로 냉철한 판단력이 필요합니다. 예를 들어 날씨가 안 좋을 때 회

항을 해야 할지 아니면 조금 기다렸다가 착륙을 할지 등 어떤 순간에는 과감하게 판단해야 합니다. 기상회복이 어렵다 싶으면 바로 회항을 결정해서 안전하게 회항할 수 있도록 하고, 착륙이 가능할 것 같으면 바로 결정해서 조심해서 착륙할 수 있도록 해야 합니다.

냉철한 판단력과 세심함이 필요한 이유는 무엇인가요?

저희의 결정에 따라서 승객이 안전하고 편리하게 여행할 수 있을지 없을지가 결정되기 때문입니다. 또한 항공사의 수익창출도 고려해야 합니다. 이 세 가지 기준을 최대한 만족시킬 수 있도록 최적의 결정을 해야 하는데, 이때 가장 필요한 것이 판단력과 세심함입니다.

운항 관리사라는 직업의 매력을 꼽는다면 무엇이 있을까요?

운항통제를 결정하는 과정이 결코 쉬운 것은 아니지만 그래도 그런 과정을 통해 보람을 느낄 수 있고, 직업적인 만족감을 크게 느낄 수 있습니다. 승객을 더 안전하고 편리하게 모시고, 항공기가 사고 없이 무사히 공항에 착륙할 수 있는 것 등이 모두 저의 결정에 따라 이루어지는 것이므로 직업적인 만족과 보람이 매우 큽니다.

운항통제실이 김해공항에 있기 때문에 자주 비행기가 뜨고 착륙하는 모습을 보게 되는데, 보면서 그런 생각을 많이 하거든요. 저 비행기 한 대가 이륙하기 위해서 운항 관리사뿐만 아니라 정비사, 조종사, 지상조업하는 분들, 공항에서 승객 안내하는 분들, 공항을 관리하는 분들이 고생하신다고요. 이 모든 분이 항공기 안전운항이라는 하나의 목표를 위해 열심히 일하고 있으며, 이들에 의해 항공기가 안전하게 이착륙과 비행을 할 수 있는 것입니다. 이런 점에서 제가 하는 업무가 사소할 수 있지만, 사명감과 책임감을 가져야 하는 직종인 것 같습니다. 그리고 그런 점이 저에게는 가장 큰 매력입니다.

Airport

08
한국공항공사

1. 한국공항공사란?

한국공항공사(KAC, Korea Airports Corporation)는 공항에서 근무하고 싶은 생각이 있는 사람이라면 누구나 일하고 싶어하는 최고의 직장으로 꼽힌다. 국토교통부 산하 공기업으로 우리나라 15개 공항 중 인천국제공항을 제외한 김포, 김해, 제주, 대구, 광주, 청주, 양양, 무안, 울산, 여수, 사천, 포항, 군산, 원주까지 14개의 지방공항을 통합 관리하는 공기업으로 각 공항을 효율적으로 건설·관리·운영, 항공산업의 육성·지원으로 항공수송을 원활하게 하고 국가 경제의 발전과 국민 복지의 증진에 기여하고 있다. 참고로 한국공항공사가 관리하는 대표 공항인 김포국제공항은 세계 공항 서비스평가 중형공항 부문에서 4년 연속 1위를 차지하기도 했다. 국제공항협의회(ACI : Airports Council International)에서 실시한 세계공항서비스평가(ASQ : Airport Service Quality)에 김포국제공항이 참여한 2010년부터 4년 동안 총 235개 공항을 대상으로 행해진 평가에서였다. 21016년에도 노후한 국내선 리모델링과 국제선 여객시설 전환 공사를 통해 중형공항 부문 2위를 달성했다. 한국공항공사는 2017년까지 김포국제공항의 국내선 여객터미널 리모델링을 끝내고 고객편의를 극대화 할 예정이다.

2. 한국공항공사에서 하는 일

한국공항공사에서는 전국 14개 공항과 관련하여 항공기, 여객, 화물 처리시설 등을 신설, 증설, 계량하며 국가 및 지방자치단체에서 위탁하는 사업을 시행한다. 공항의 활주로, 여객청사, 화물청사, 주차장 등 모든 시설을 관리하며, 공항의 경비, 보안업무를 담당한다. 또한 공항의 시설주로서 협력업체를 선정하여 공항운영 및 시설관리를 맡기고 감독하며, 공항 이용객들의 편의를 위하여 상업시설을 유치하고 감독한다. 주요 수입은 항공기 착륙료, 청사 등 시설 임대료, 주차료 등이다.

3. 한국공항공사의 입사 방법

한국공항공사에 입사하려면 공채시험에 합격해야 한다. 입사시험 전형방법은 '서류전형 → 필기시험 → 직무능력 및 직업 성격 검사 → 면접시험(1차 실무진 면접, 2차 경영진 면접) → 신체검사 및 신원조회 → 최종합격' 순이다. 입사시험은 5급 사원과 6급 사원으로 구분하여 시행한다.

때때로 '채용형인턴'으로 직원을 뽑는 일도 있다. 이때 인턴종료 시 전환평가를 거쳐 정규직으로 전환되며(전환 평가 결과 만점의 80% 이상 시) 근무기간과 급여는 채용상황에 따라 다르다.

(1) 5급 입사

채용 분야	행정직	법률, 경영, 회계, 항공교통
	기술직	전산, 토목, 건축, 조경, 기계, 전기, 통신전자
학력		제한 없음
연령		제한 없음
외국어		지정 어학시험 중 한 종목을 지정 점수 이상 얻은 사람
기술직		기사 자격증 소지자
필기전형		일반상식(100점), 전공 1과목(200점)

(2) 6급 입사

채용 분야	행정직	경영, 회계
	기술직	전산, 토목, 건축, 조경, 기계, 전기, 통신전자
학력		고졸자만 해당
내신 성적		고교 전 학년 평균 내신 성적 4.00등급 이내인 사람 중에서 학교장 추천을 받은 사람
연령		제한 없음
병력		제한 없음
기술직		해당분야 관련 학과 전공자 또는 관련자격 소지자
시험과목		일반상식(100점), 전공 1과목(200점)

4. 한국공항공사의 근무 여건 및 전망

한국공항공사 직원들은 전국의 공항에서 근무한다. 본사는 김포국제공항 내에 있고 전국 14개 공항에 지사가 있으며 울진 비행장에도 근무한다. 인천국제공항에 항로시설 본부가 있고, 충북 청원에 항공기술 훈련원이 있으며, 전국 10곳에 항공무선표지소가 있다. 대부분의 직원은 사무실에서 일하며 근무시간도 일반 직장인과 비슷하다. 하지만 현장에서 일하는 직원들은 24시간 교대근무를 한다. 정년은 만 60세다.

한국공항공사의 2017년 기준 직원은 비정규직과 소속외 인력을 제외한 2,044명이며 이중 정규직 2,007명, 무기계약직 31명, 임원 6명으로 구성되어 있다. 전국의 지방공항 14개 도시의 공항을 운영·관리하고 있는 업무 특성상 여성보다 남성 비율이 높으며 정규직을 제외한 대부분의 직급은 청원 경찰로 구성되어 있다.

한국공항공사의 신규채용 현황은 2012년 52명, 2013년 122명, 2014년 156명, 2015년 80명 2016년 176명 등 꾸준히 늘어나고 있다. 또한 정규직 중 비수도권 지역 인재(채용 시 졸업대학의 소재지 기준으로 비수도권 인력을 채용하는 것)도 꾸준히 늘려가고 있다.

09
인천국제공항공사

1. 인천국제공항공사란?

세계공항서비스평가 12년 연속 1위, 세계국제화물운송 2위, 세계국제여객운송 7위, 취항항공사 90개, 취할 도시 186곳, 공항 종사자 수 4만명, 화물처리 270만톤, 운항횟수 34만회, 여객처리 5,700만 명이 말해주듯 인천국제공항은 하늘길의 허브가 되는 글로벌 공항기업으로 성장하고 있다. 그리고 그 뒤에는 이를 가능하게 하는 인천국제공항공사가 있다.

인천국제공항공사는 국토교통부 산하 공기업으로 인천국제공항을 관리, 운영한다. 인천국제공항은 세계 공항 서비스평가 중 대형공항 부문에서 11년 연속 1위를 차지하였다. 공항에서 근무하는 사람이라면 누구나 일하고 싶어하는 직장이며, 공기업 본사 지방 이전 대상이 아니어서 공기업 취업을 희망하는 사람들에게 더욱 인기가 높다. 따라서 취업을 앞둔 대학생들이 가장 선호하는 최고의 공기업이기도 하다.

2. 인천국제공항공사에서 하는 일

1999년 설립된 인천국제공항공사는 인천국제공항의 효율적인 건설 및 관리, 운영을 통해 항공 운송 원활화 및 국민경제 발전에 이바지하기 위해 설립되었다.

인천국제공항공사는 토목, 건축, 전기, 전자, 통신 등 전 기술영역을 망라하는 복합 공정적 시설 구축과 주변 지역 개발 및 부대사업 관련 인프라구축, 여객 및 화물수송 수요의 처리, 공항 시설물의 유지관리, 공항 이용자에 대한 각종 부대서비스 제공 및 그에 따른 영업활동을 하고 있다. 공항의 활주로, 여객청사, 화물청사, 주차장 등 모든 시설을 관리하며, 공항의 경비, 보안업무를 담당하고 있으며, 또한 공항의 시설주로서 협력업체를 선정하여 공항운영 및 시설관리를 맡기고 감독한다. 주요 수입은 항공기 착륙료, 청사 등 시설 임대료, 주차료 등이다.

3. 인천국제공항공사의 입사 방법

인천국제공항공사에 입사하려면 공채시험에 합격해야 한다. 입사시험 전형방법은 '서류전형 → 필기시험 → 직무능력 및 직업 성격 검사 → 면접시험(1차 실무진 면접, 2차 경영진 면접) → 신체검사 및 신원조회 → 최종합격' 순이다. 입사시험은 5급 사원과 7급 사원으로 구분하여 시행한다. 이밖에도 육아휴직 등 대체인력(시간선택제) 채용공고나 채용형 인턴(인턴 종료시 전환평가를 거쳐 정규직으로 전환)을 모집하고 있다. 자세한 응시 자격은 모집공고의 내용마다 다르다.

(1) 5급 입사

채용분야	사무직	경영, 경제, 법, 행정, 어문
	기술직	토목, 건축, 기계, 통신전자, 전력, 화공, 전산, 환경
학력		제한 없음
연령		제한 없음
외국어		영어, 중국어, 일어 중 1개 이상 공인어학성적 보유지
필기전형		직무 능력시험(100점), 전공시험(100점), 인성검사(적/부 판정)

(2) 7급 입사

채용분야	안전 전문직, 보안 전문직
학력	고졸자만 해당
연령	제한 없음
필기전형	직무 능력시험(100점), 인성검사(적/부 판정)

4. 인천국제공항공사의 근무 여건 및 전망

인천국제공항공사 직원들은 인천국제공항에서만 근무한다. 인천국제공항공사 직원 수는 1,256명으로 임원 6명, 일반직 1,134명, 안전, 보안전문직 94명과 별정직 5명, 계약직 17명이 있다. 대부분 사무실에서 일하고 근무시간도 일반 직장인들과 비슷하다. 하지만 현장 직원들은 24시간 교대근무를 한다. 직급 체계는 '6급 → 5급 → 4급 → 3급 → 2급 → 1급 → 임원' 순이며, 정년은 61세이다.

인천국제공항은 꾸준히 증가하는 수도권 지역의 항공수요에 적기 대응하고 주변 공항과의 허브 경쟁력 강화를 위하여 2009년 6월부터 제2여객터미널과 제2교통센터 및 연결 교통, 부대시설 등을 신축하는 3단계 건설 사업에 돌입해서 2013년 기공식을 시작으로 공사가 본격화됐으며, 2018년 1월 18일 오픈 예정이다.

3단계 건설의 결과 제2여객터미널 및 계류장, 접근/연결교통 등 공항 인프라를 확장하여 여객 7,200만 명, 화물 500만 톤까지 처리할 수 있게 되었다. 이처럼 확장하는 공항에 맞게 인천국제공항공사의 전망도 밝다고 할 수 있다.

Airport

10
국토교통부 소속 공무원

1. 국토교통부란?

국토교통부는 우리나라의 항공 업무를 담당하는 정부 부처이다. 국토교통부 항공정책실에는 항공 정책관, 항공안전 정책관, 공항행정 정책관이 있으며 13개 과에서 실무적인 항공정책업무를 담당한다. 산하기관으로는 서울지방항공청, 부산지방항공청, 항공교통센터가 있는데, 이 기관들은 국토교통부의 항공정책을 현장에서 집행하며, 각 기관에 주어진 고유 업무를 수행한다.

2. 국토교통부에서 하는 일

❶ **국토교통부 항공정책실:** 우리나라의 항공정책을 수립하고 집행하며 산하기관을 관리, 감독한다.

137

10 국토교통부 소속 공무원

❷ **서울지방항공청:** 중부 이북지역의 공항(인천, 김포, 청주, 양양, 군산, 원주)의 관제, 운항관리, 항공기 검사 및 항공보안 업무 등을 담당하며 공항시설의 설치 인허가, 각종 안전증명 및 감독업무를 수행한다.

❸ **부산지방항공청:** 중부 이남 지역의 공항(김해, 제주, 대구, 무안, 울산, 광주, 여수, 포항, 사천)의 관제, 운항관리, 항공기 검사 및 항공보안 업무 등을 담당하며 공항시설의 설치 인허가, 각종 안전증명 및 감독업무를 수행한다.

❹ **항공교통센터:** 우리나라 전체 비행정보구역 항로 관제업무를 담당한다.

3. 국토교통부의 입사 방법

국토교통부 항공 분야 공무원이 되려면 국가 공무원 임용시험을 보아야 한다. 응시직급은 9급~5급이며 학력 제한은 없다. 연령은 9~8급은 18세 이상이고, 7~5급은 20세 이상이다.

행정	일반 행정
항공	일반 항공, 관제, 조종, 정비
공업	일반 기계, 항공우주, 전기, 전자
시설	일반 토목, 건축, 교통시설
방송통신	통신사, 통신기술, 전송기술, 전자통신기술

4. 국토교통부의 근무 여건

국토교통부 항공분야 소속 공무원들은 전국에서 근무한다. 국토교통부 항공정책실 직원은 정부 세종청사에서 근무하고, 서울지방항공청 소속 직원은 인천, 김포, 청주, 양양, 군산, 원주공항에서 근무하며, 부산지방항공청 소속 직원은 김해, 제주, 대구, 무안, 울산, 광주, 여수, 포항, 사천공항에서 근무한다. 항공교통센터 소속 직원은 현재 국제공항에서 근무하지만 향후 제2항공교통센터가 완공되면 대구에서도 근무하게 된다.

국토교통부 항공분야 소속 공무원들은 대부분 사무실에서 일반 직장인들과 비슷한 형태로 근무하지만, 관제업무나 운항업무 같은 현장업무를 담당하는 직원들은 24시간 교대근무를 해야 한다.

국토교통부 항공분야 소속 공무원 수는 약 890명이다. 소속별로는 항공정책실 170여 명, 서울지방항공청 300여 명, 부산지방항공청 240여 명, 항공교통센터 180여 명이다. 월급은 국가공무원 보수에 따르며 월급은 매년 다시 책정된다. 직급체계는 국가공무원 직급체계에 따라 '9급 → 8급 → 7급 → 6급 → 5급 → 4급 → 고위 공무원' 순이며, 정년은 60세이다.

A i r p o r t

11
항공기상청 소속 공무원

1. 항공기상청이란?

　　항공기상청에서는 항공 기상정보를 생산, 제공하는 일을 한다. 인공위성, 기상 레이더, 공항에 설치된 각종 기상관측 장비 등을 이용하여 기상정보를 수집한 다음 슈퍼컴퓨터로 가공하여 항공 관련 기관, 항공사 등에 기상정보를 제공한다. 환경부 소속 기관으로 기상청장 산하의 책임 운영기관이다. 인천국제공항에 항공기상청이 있고 김포, 제주, 무안, 울산공항의 4개 공항 기상대와 김해, 청주, 대구, 여수, 양양, 광주, 포항, 사천공항의 8개 공항 기상실이 있다.

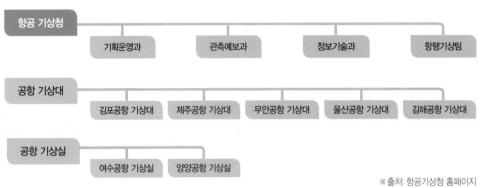

```
항공 기상청 ─┬─ 기획운영과 ── 관측예보과 ── 정보기술과 ── 항행기상팀

공항 기상대 ─┬─ 김포공항 기상대 ── 제주공항 기상대 ── 무안공항 기상대 ── 울산공항 기상대 ── 김해공항 기상대

공항 기상실 ─┬─ 여수공항 기상실 ── 양양공항 기상실
```

※ 출처: 항공기상청 홈페이지

2. 항공기상청에서 하는 일

(1) 관측 업무

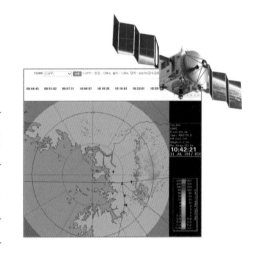

항공기상관측 정보는 항공기 운항을 결정하는 가장 중요한 정보로 활용된다. 항공기상관측 업무는 자동화되어 있으며, 전국 민간공항 및 군 관할 공항에 기상관측장비(AMOS)를 설치하여 풍향, 풍속, 기온, 기압, 강수량, RVR(활주로상에서 모든 빛을 고려하여 조종석에서 볼 수 있는 활주로 가시거리)등을 관측한다. 공항기상관서에서는 공항의 기상 실황에 관한 관측 정보를 항공교통 업무기관, 비행 승무원, 공항운영 및 기타 항공항행 업무 수행 기관에 제공하고 있다. 항공기상청은 항공기 안전운항에 필요한 기상정보를 생산, 제공하기 위하여 다음의 관측 업무를 수행하고 있다.

관측 종류	보고 시간	내용
정시관측 (METAR)	1시간 (인천국제공항 30분)	공항의 기상상태를 정규적으로 관측하는 기본관측 - 지역항공항행협정에 의하여 인천국제공항은 30분 관측
국지정시관측 (MET REPORT)	1시간	이착륙 항공기를 위한 활주로의 세부적인 기상상태를 관측 - 해당공항 항공교통업무기관에 제공
특별관측 (SPECI)	수시	ICAO(국제민간항공기구) 국제표준으로 주어진 특별관측 기준에 해당할 때 실시하는 관측 - 기상의 악화나 호전에 관한 정보의 신속한 제공
국지특별관측 (SPECIAL)	수시	이착륙 항공기 지원을 위한 활주로의 세부적인 기상실황 관측(특별관측 기준) - 기상의 악화나 호전에 관한 정보의 신속한 제공

(2) 예보 업무

항공 기상예보는 항공기의 안전과 경제적인 운항을 위하여 공항, 공역, 항공로 등에서 비행에 영향을 주는 예상 기상현상을 입체적이고 광범위하게 서술하는 것이며, 항공기상청은 다음의 예보 업무를 수행하고 있다.

❶ **착륙 예보:** 공항에서 향후 2시간 동안에 예상되는 바람, 시정, 일기현상, 구름 등의 기상변화에 대한 정보이다. 목적지 공항으로부터 1시간 이내의 비행거리에 있는 항공기 운항에 주로 활용되며, 정시 관측보고 및 특별 관측보고에 포함하여 발표한다.

❷ **이륙 예보:** 항공기 최대허용 탑재 중량을 고려한 항공기의 안전한 이륙을 지원하기 위한 예보로서 활주로에서 예상되는 바람, 기온, 기압에 대한 정보를 제공한다.

❸ **저고도용 공역 예보:** 비행고도 1만ft 미만(산악지역은 1만 5,000ft 또는 필요에 따라 그 이상까지)으로 비행하는 항공기를 위한 AIRMET(소형 비행기를 위한 기상정보)를 지원하기 위한 것이며, 국제적으로 합의된 부호로 발표한다.

❹ **위험기상 예보:** 중요 항로에서 항공기에 영향을 미칠 수 있는 기상현상에 대한 예보로서 태풍, 심한 스콜, 보통 또는 심한 난류(착빙), 넓게 퍼진 모래폭풍 또는 먼지폭풍, 권계면고도, 제트기류, 화산재구름, 대기 중으로 방출된 방사성 물질 등에 대한 정보를 제공한다.

❺ **공항 경보:** 공항에 계류 중인 항공기 및 지상에 있는 항공기, 공항시설, 항공운항 업무에 악영향을 미칠 수 있는 기상현상이 발생 또는 예상될 때 발표한다. 발표 요소는 태풍, 뇌전, 대설, 강풍, 운고(Ceiling), 저시정, 호우, 황사 등이다.

❻ **바람 시어 경보(WIND SHEAR):** 지상 1,600ft(500m) 이하의 항공기 접근로, 이륙로, 선회접근 중인 항공기에 악영향을 줄 수 있는 바람 시어가 관측 또는 예상될 때 발표한다.

❼ **위험기상 정보(SIGMET):** 우리나라 비행정보구역 기상감시를 통하여 운항 중인 항공기의 안정에 영향을 줄 수 있는 뇌전, 태풍, 착빙 등의 위험기상이 관측 또는 예상될 때 발표한다.

❽ **저고도용 위험기상 정보(AIRMET):** 저고도용 공역예보에 포함되지 않은 중요 기상현상 중 1만ft 미만으로 운항하는 항공기에 영향을 줄 수 있는 위험기상이 관측 또는 예상될 때 간략한 약어로 발표한다.

(3) 항공예보철 지원 업무

국제공항에 소재한 공항기상대(공항기상실)는 세계공역예보센터(WAFC)로부터 수신한 자료를 바탕으로 하루 4회 항공예보철을 생산한다. 이에 따라 항공기상청에서는 워싱턴 WAFC로부터 이미지 자료와 텍스트 자료를 받아서 제공하고 있다.

(4) 국제 업무

항공기상청은 세계기상기구(World Meteorological Organization, WMO) 회원국과 국제민간 항공기구(International Civil Aviation Organization, ICAO) 체약국으로 국제기구의 표준과 권고사항에 따라 항공기상 업무를 수행하고 있다. 국제기구의 항공기상 관련 회의 참석과 중국·홍콩·일본 등 주변국과의 기술적 교류협력을 통하여 항공기상 업무 발전을 꾀하고 있다.

(5) 항공기상 교육훈련

항공기상청은 항공 관련 업무 종사자를 대상으로 항공기상에 대한 이해도 향상과 항공기상정보 활용능력 제고를 위하여 매년 4~5회 항공기상 교육과정을 운영하고 있다. 항공기상 기본 과정에서는 항공기상 업무 개요를 비롯하여 일기도·위성·레이더 정보에 대한 이해와 활용법을 교육하고 있으며, 전문 과정에서는 우리나라 계절별 주요 기상, 인천, 김포, 제주공항 기상 특성과 참고사항 등에 대하여 보다 심화된 교육을 제공하고 있다. 또한 교육 참여가 어려운 기관에 대해서는 기관의 요청에 따라 전문 강사가 방문하여 필요한 항공기상 교육을 제공하는 '수요자 맞춤형 방문교육'을 수시로 실시하고 있다.

3. 항공기상청의 입사 방법

항공기상청 공무원이 되려면 국가공무원 임용시험을 봐야 한다. 응시직급은 9급~5급이며 학력 제한은 없다. 연령은 9~8급은 18세 이상이고, 7~5급은 20세 이상이다. 항공기상청 공무원의 직렬은 일반 행정직과 기상직(기상, 지진)이 있다.

4. 항공기상청의 근무 여건

항공기상청 소속 공무원 수는 약 110명 정도이며, 근무는 사무실에서 일하는 직원도 있지만 대부분 항공기 운항시간에 맞춰 교대근무를 한다. 월급은 국가공무원 보수를 따르며, 9급 1호봉이 120여만 원, 6급 15호봉은 290여만 원이며, 고위공무원 1급 23호봉은 590여만 원이다. 월급은 매년 다시 책정된다. 직급체계는 국가공무원 직급 체계에 따라 '9급 → 8급 → 7급 → 6급 → 5급 → 4급 → 고위공무원' 순이며, 정년은 60세이다.

Interview

항공기상청 총괄예보관

김성우

Q 항공기상청 예보관은 어떤 일을 하나요?

'기상' 앞에 '항공'이란 말이 붙었잖아요? 비행기로 날아다니는 것을 '항공'이라고 하는데 항공기상청이란 항공에 관련된 기상정보를 제공하는 기관이고, 항공기상청 예보관은 항공을 위한 기상정보를 수집, 분석하여 기상예보를 내는 일을 합니다.

Q 우리가 일반적으로 접하는 기상예보와 항공기상예보는 어떤 차이가 있나요?

쉽게 말씀드리면 일반 기상청의 관측업무는 보통 사람들이 살고 있는 '땅'을 중심으로 하는 예보입니다. 예보의 대상이 '사람'이기 때문에 기상정보를 수집하는 대상 지역은 사람들이 살고 있는 지역이라고 볼 수 있어요.

그러나 항공기상청의 기상예보 대상은 공항과 비행기예요. 비행기가 잘 뜨고 착륙할 수 있도록 항공운항에 필요한 기상정보를 제공하기 때문에 기상정보를 수집하고 분석하는 지역도 '공항'으로 한정되어 있습니다. 공항을 중심으로 반경 8km 범위 내의 기상에 관하여 예보를 내게 됩니다.

또 일반예보와 다른 점은 하늘 위 예보도 한다는 점이에요. 비행기는 하늘을 날아다니잖아요. 항공기가 날아다니는 구역을 '공역'이라고 하는데 공역은 저고도

(1만ft 미만), 중고도(1만ft~2만 5,000ft 미만), 고고도(2만 5,000ft 이상)로 나뉩니다. 항공기상청에서는 고도에 따라 각각 예보를 하는데 이 예보를 '공역예보'라고 합니다. 공역예보의 범위는 대한민국이 관할하는 비행이 가능한 영역인 비행정보구역이 됩니다.

Q 항공기상예보가 일반예보와 달라야 하는 이유는 무엇인가요?

항공기가 비행을 하는 데 있어 가장 중요한 사항은 '비행기를 언제 이륙시키고 착륙시킬 것인가?' 하는 시간을 정하는 것과 비행기의 적재량을 정하는 것입니다. 그리고 이 두 가지를 결정하기 위해서는 기상예보가 무척 중요합니다.

항공기상예보는 착륙예보와 이륙예보로 나누어 예보합니다. 착륙예보는 공항에서 앞으로 2시간 동안 예상되는 기상변화에 대한 정보로, 공항에 착륙할 항공기는 착륙예보를 토대로 착륙시간과 방법 등을 정합니다.

이륙예보는 활주로에서 예상되는 바람이나 기온, 기압에 대한 예보로, 비행기에 얼마만큼의 짐과 여객을 싣고 이륙할 것인지 결정하는 데 영향을 끼칩니다. 예를 들어 100톤의 화물을 적재할 수 항공기인데 기온이 높으면 대기밀도가 낮아지기 때문에 이륙할 때 상대적으로 무겁게 느껴집니다. 그럴 때면 화물량을 줄여야

항공기상은 일반기상보다 더 좁은 범위를 세분화해서 예보하기 때문에 **해당 공항에 대한 정보와 지식이 필요**합니다. 또한 많은 **데이터를 종합해서 볼 수 있는 능력과 이러한 분석을 즐길 수 있는 사람**이라면 더 좋겠지요.

하지요. 반대로 기온이 낮으면 공기 자체가 같은 단위 면적당 중량이 무겁기 때문에 비교적 가볍게 뜰 수 있습니다. 이때는 화물 적재량을 기온이 높을 때보다 상대적으로 많이 실을 수 있지요.

또 바람은 항공기 이착륙에 굉장히 민감하게 작용하는 요소입니다. 인천국제공항의 경우 평균 2분에 한 대씩 비행기가 이착륙을 하는데 활주로가 3개 있습니다. 활주로 선택은 이미 정해져 있지만 바람의 방향에 따라서 북쪽에서 내리거나 남쪽에서 내리는 등 위치가 달라집니다.

갑자기 바람의 방향이 바뀌기라도 하면 이륙준비를 하고 있거나 이미 이륙을 시도한 비행기 역시 방향을 바꾸어야 합니다. 이 같은 상황에 대처할 수 있도록 항공기상예보는 최대한 정확해야 합니다.

항공기상 관측은 어떻게 이루어지나요?

항공기상 관측은 크게 관측 장비(기계)가 하는 부분과 사람이 하는 부분으로 나눕니다. 관측 장비를 통해 공항의 풍향, 풍속, 온도, 습도, 기압을 측정하고요. 사람이 하는 부분은 시정(눈으로 보이는 거리)이 얼마나 되는지, 구름과 일기 현상은 어떤 상황인지를 관측합니다. 이런 건 기계보다 사람 눈으로 관측해야 더 정확히 알 수 있습니다.

이렇게 관측된 자료를 수집하고 여기에 WMO 세계기상기구에서 받은 자료를 합해 예보를 합니다. WMO 세계 기상기구 기상자료는 전 세계에서 동일한 시간에 관측된 자료로서, 우리나라에서 관측, 수집된 자료 역시 WMO에 보내, 전 세계가 공유하게 되는 것이요.

이렇게 관측, 수집된 자료를 가지고 슈퍼컴퓨터를 통해 날씨의 흐름과 변화를 예측하는데, 이 예측결과가 100% 맞으면 저희 같은 예보관이 필요 없겠지요.

슈퍼컴퓨터의 분석결과는 어디까지나 과거의 자료와 현재의 관측을 토대로 한 예상수치이므로 여기에 예보관의 분석과 판단이 필요합니다.

예를 들어, 6월 14일과 6월 18일 똑같은 일기도인데 14일에는 비가 오고 18일에는 비가 안 왔단 말이에요. 이럴 경우 과거의 경험과 자신이 연구했던 것을 토대로 예보관은 날씨를 분석, 판단하게 됩니다. 또한 항공기상은 공항 활주로 8km 이내를 예보한다고 했잖아요? 그런데 반경 8km라고 하면 굉장히 좁은 범위예요. 광범위한 지역을 대상으로 조사되는 기상 수치예보자료에서 공항 반경 8km를 찍어내기란 쉽지 않죠. 때문에 항공기상청 예보관은 이 8km 범위의 기상정보를 보고 분석할 수 있는 노하우가 필요합니다. 그러기 위해서는 항공기상에 특화된 분석력과 경험이 필요하지요.

그렇다면 항공기상예보의 내용도 일반 기상예보와는 다르겠군요?

그렇습니다. 일반 기상예보는 '오늘 날씨 맑겠습니다. 비가 오겠습니다. 최고 온도 몇 도입니다' 등의 말로 기상예보를 내잖아요. 이에 비해 항공기상예보는 시간마다 풍향, 풍속, 기온, 기상현상을 냅니다. 또 일반 기상예보는 오전 5시, 오전 11시, 오후 5시 이렇게 세 번 내지만, 항공기상예보는 항공기가 수시로 뜨고 내리기 때문에 이착륙 예보의 경우 매시간 예보를 내야 합니다. 이렇게 수시로 예보를 내기 때문에 관측 역시 정시관측은 1시간 마다(인천 국제공항은 30분마다) 이루어지고 있습니다.

항공기상청은 기상청 산하 기관인가요?

항공기상청은 기상청 소속이긴 하지만 업무 특성상 국가에서 지정한 책임 운영기관입니다. 항공기상이라는 특화된 기관이기 때문에 기상청에 입사한 후 주로 자원해서 오는 경우가 많습니다.

 직함이 항공기상청 관측예보과 총괄예보관이신데, 항공기상청 총괄예보관의 역할은 무엇인가요?

제가 있는 인천국제공항의 항공기상청 아래에는 5개의 기상대(김포공항, 제주공항, 무안공항, 울산공항, 김해공항)와 2개의 기상실(여수공항, 양양공항)이 있으며, 각각 예보관이 상주하고 있습니다. 어떤 예보가 내려져야 하는지 관측하고 분석하여 판단하는 것은 해당 공항 기상청, 기상대 기상실의 예보관들이 하지만, 그 분석자료를 토대로 전체적으로 결정하고 위기상황에 대처하는 건 총괄 예보관의 몫입니다. 전체 공항의 기상예보를 가지고 '비구름이 언제 다가올 것이다. 그럼 어디에 비가 내릴 테니 어느 공항은 주의해라' 이런 식으로 전체를 총괄하고 있습니다.

 기상청 예보관이라는 직업을 어떻게 알게 되셨나요?

대학 때 친구를 통해 우연히 알게 되었습니다. 전공이 물리학이라 기상 관련 수업이 있었거든요. 그리고 1993년에 기상청 기상직 시험을 봐서 입사하였습니다. 요즘은 시험과목에 대기과학과 일기예보분석이라는 전공과목이 있어서 아무래도 관련 과목을 전공한 사람이 유리하지요. 경력은 광주지방 기상청과 소속기관에서 예보와 관측업무를, 기상청의 기상홍보과에서 홍보업무를, 예보국에서 예보업무를, 기획조정관실에서 기상청 예산업무를 맡다가 이곳 항공기상청 총괄 예보관으로 오게 되었습니다.

 항공기상청 예보관이 되기 위해서는 어떤 자질이 필요한가요?

항공기상은 일반기상보다 더 좁은 범위를 세분화해서 예보하기 때문에 해당 공항에 대한 정보와 지식이 필요합니다. 또한 많은 데이터를 종합해서 볼 수 있는 능력과 이러한 분석을 즐길 수 있는 사람이라면 더 좋겠지요. 또한 예보는 노하우가 필요합니다. 다양한 정보를 어떻게 분석할 것인가는 경험과 축적된 지식이 포함된 노하우에 의해 좌우되거든요. 이 노하우를 잘 키우기 위해서는 무엇보다 예보를 즐겨야 합니다.

또한 자연에 대한 사랑이 있어야 합니다. 제가 항공기상청에 와서 특히 더 느끼는 건데 자연은 생생하게 살아 있습니다. 매시간 매초 살아서 인간에게 말을 걸고 영향을 끼치고 있지요. 자연은 비나 바람으로 자기 기분을 말하고, 맑은 하늘로 자기 상태를 표현합니다. 맑은 하늘이면 '나 기분 좋다, 이 공기 안에 빗방울은 별로 없다'라고 말하는 것이고, 구름이 발달한다는 건 '곧 비가 한바탕 쏟아질 거야'라고 말하는 것입니다. 이 같은 자연의 언어에 귀를 기울이려면 자연을 존중하고 사랑하는 마음이 있어야 합니다.

활주로의 무법자 '윈드시어(wind shear)'

2009년 3월 일본 도쿄 나리타공항. 착륙하던 페덱스 (FedEx) 화물기가 갑자기 활주로를 벗어나 전복된 후 폭발했다. 기장의 실수였을까 아니면 기계적 결함이 있던 걸까?

그러나 밝혀진 사고 원인은 기계적인 문제도 인위적인 문제도 아니었다.

답은 '윈드시어(wind shear)현상'이었다.

활주로의 무법자라고도 불리는 '윈드시어(wind shear)'는 wind와 shear가 결합한 말로, shear는 '베어내다, 가위질하다, 가로질러 나가다' 등의 의미로 쓰이는 단어다. 즉 윈드시어란 바람이 정상적으로 불지 않고 변형을 일으켜 진행한다는 뜻이다.

'윈드시어'가 발생하면 항공기는 즉각 복행한다. 비행기가 착륙을 시도하다 다시 하늘로 올라가는 일을 복행이라하며, 모든 경우에 해당되는 것은 아니지만 윈드시어가 발생했을 때 이를 피하기 위해서 복행하는 경우가 많은데, 그것은 윈드시어가 일어나면 바람이 제멋대로 움직이기 때문에 항공기 조종이 힘들기 때문이다.

그렇다면 '윈드시어'는 왜 발생하는 것일까?

윈드시어는 대개 지형의 영향을 많이 받는데, 우리나라에서는 제주 공항에 이런 윈드시어가 자주 발생한다. 실제로 제주공항에서 발표한 윈드시어 경보 건수는 2014년 241건, 2015년 225건, 2016년 274건으로 조사되는 등 한 해 평균 200건 이상 꾸준히 발효되고 있다. 이에 따라 제주공항을 찾았다가 윈드시어로 인해 착륙하지 못하고 재착륙을 시도하거나 착륙에 실패해 회항하는 항공기 역시 지속적으로 발생하고 있다.

예측 불가능하다고 알려진 윈드시어를 조종사가 직접 감지하기는 쉽지 않다. 대신 최신 항공기들은 대개 항공기에 장착된 바람감지장치를 통해 윈드시어 현상을 감지한다. 경보가 울리면 즉시 복행하게 되고 이에 따라 승객들에게 미처 이야기하지 못하고 비행기가 요동치는 경우가 생기는 것이다. 하지만 이는 승객의 안전을 위한 조치임을 이해해야 한다.

12

여행상품 개발자

우리 여행을 떠나요!

1. 여행상품 개발자란?

여행 플래너, 여행 코디네이터, 여행상품 기획가 등 다양한 이름으로 불린다. 여행상품 개발자란 새로운 여행상품을 개발하여 사람들을 공항으로 이끄는 직업이다.

여행상품 개발자는 판매가치가 있는 새로운 여행상품에 대한 기획, 개발, 마케팅 등 모든 것을 담당하는 일종의 여행 디자이너다. 새로운 여행지를 발굴하거나 기존 여행지라도 새롭게 리모델링 해서 즐기도록 재창조하기 위해서는 발로 뛰는 여행이 필수다. 업무의 특성상 여행을 많이 해야 하므로 여행을 좋아해야 즐겁게 일할 수 있다. 외향적이고 적극적인 성격을 지닌 사람에게 알맞으며, 창의적인 아이디어나 이를 실현할 수 있는 기획력, 추진력이 있어야 한다.

2. 여행상품 개발자가 하는 일

여행상품 개발자는 관광 상품을 기획, 개발하며 고객과의 상담 업무를 수행한다. 주로 그동안 여행 지역으로 활성화되지 않았던 새로운 지역을 찾아내어 현지답사를 한 다음, 그곳의 모든 상황을 조사, 분석하여 새로운 여행지를 상품화하는 일을 한다.

이때 여행과 관련된 모든 상황을 고려하여 여행계획을 세우며, 교통수단, 경비, 관광명소, 숙박시설, 편의성 등에 대한 정보를 수집하고, 이를 바탕으로 관광코스와 일정을 기획하고 총감독한다. 고객과의 상담을 통하여 그들의 요구를 파악하고, 상품의 특징과 장점을 소개, 권유하며 여행계획에 대해 조언한다. 해외여행의 경우 항공권 예약, 여권 발급, 환전 등 여행에 필요한 업무를 대행해 주기도 한다.

(1) 여행 트렌드 읽기

여행에도 유행이 있다. 개인별 취향과 상황에 따라 여행 패턴도 달라진다. 과거에는 관광지나 명승지 위주의 상품이 많았다면 요즘은 오지여행, 체험여행, 사진여행, 맛기행, 힐링여행 등 테마별 여행이 추세다. 따라서 잘 팔리는 여행상품을 만들려면 국내외 여행 트렌드를 읽는 안목이 있어야 한다. 안목을 키우려면 평소에 여행 관련 텔레비전 프로그램(드라마, 예능, 여행지 소개, 맛집 정보 등)과 신문, 인터넷 등을 잘 챙겨보아야 한다. 변화하는 여가생활 방향이나 고객의 요구를 파악하여 새로운 여행지 정보를 찾아보면서 더 새롭고 재미있는 여행상품에 대해 고민을 해야 한다.

(2) 여행지에 대한 정보수집과 현지답사

국내외 항공을 비롯한 교통, 관광지 요금, 위치, 숙박시설, 렌터카, 음식점 등 여행지에 대한 모든 정보를 수집한다. 철저한 조사가 좋은 상품개발의 밑거름이 된다. 현지 정보를 확인하기 위해 출장은 필수적이다. 여행상품을 만드는 데 문제점이나 보완점은 없는지, 동선은 적절한지 등 여행자의 입장에서 현지 상황을 세심하게 검토한다. 그리고 가격이나 일정을 현지 관광청, 항공사, 리조트 및 호텔과 조율하는 과정을 거쳐야 한다.

또한 수많은 사람들을 만나야 하므로 친화력을 발휘해야 하고, 외국 여행지의 경우 현지인과 의사소통이 가능한 외국어 능력을 갖춰야 원활히 일할 수 있다.

(3) 상품개발

취합된 정보와 현지실사를 통해 상품개발을 완료한다. 여행상품의 목적은 판매이기 때문에 여행상품에서 좋은 상품이란 많이 팔리는 상품이다. 애써 만든 상품이라도 잘 팔리지 않으면 가치가 없다. 따라서 고객이 선택할 만한 상품구성에 만족스러운 가격을 책정하여 시장에 내놓아야 한다. 또한 적절한 시기에 시장에 내놓는 타이밍도 중요하다. 이렇게 하기 위해서는 시사에 관심을 기울여 소비자 심리를 파악하는 통찰력이 필요하다. 개발자는 여행상품에 대해 가장 잘 알기에 홍보와 판매에도 참여해야 한다.

3. 여행상품 개발자에게 필요한 능력

여행상품 개발자라는 직업은 기본적으로 여행을 좋아하고 외향적이며 적극적인 성격을 지닌 사람에게 적합하다. 관광객들을 상대하는 일이라 항상 친절한 자세가 필요하며, 고객과 원활한 의사소통 능력도 필요하다. 여행사 홈페이지를 통해 고객의 예약사항을 확인하고, 추가정보를 등록하는 등의 업무를 위해서는 컴퓨터 및 인터넷 활용능력은 필수적이다.

또한 고객의 시선을 끌 수 있는 여행상품을 개발하기 위한 아이디어와 뛰어난 기획력이 요구된다. 해외 출장이 잦고, 해외의 여행 관련 자료를 다루어야 하므로 영어, 일본어, 중국어 등의 외국어 능력을 갖추는 것이 필요하다. 또한, 여행업계의 동향과 고객의 요구를 정확히 판단하여 고객을 만족시킬 수 있는 상품과 서비스를 개발할 수 있는 통찰력과 세심함이 필요하다.

4. 여행상품 개발자가 되는 방법

여행상품 개발자들은 주로 여행사에 소속되어 일하거나 프리랜서 또는 창업하여 일한다. 여행상품 개발자가 되기 위해서는 외국어 능력과 여행 관련 경력이 가장 중요하고 자격

증은 선택사항이다. 기본적으로 어학능력을 키
우면서 여행 관련 자격증을 따거나 교육과
정을 이수하면 유리한 점이 있다. 그러나
이것은 유리한 조건일 뿐 2~3개월의 관
련 교육과정을 이수하였다고 해서 여행
상품 개발에 바로 참여할 수 있는 것은
아니다. 상품개발을 하려면 무엇보다
여행업무 경험을 쌓는 것이 중요하다.

국내 대형 여행사는 하나투어, 모두투
어 등이다. 이들 여행사에 입사하려면 많은 준비가 필요하다. 이들 대형 여행사는 상품
개발 파트를 부문 채용하고 있지만, 소규모 여행사는 항공 발권, 판매, 여행상품 개발까
지 담당할 수 있는 사람을 원한다.

물론 취업하지 않고 자유롭게 일하는 방법도 있다. 여행 관련 경력자나 여행 작가 등
객관적으로 보기에 상품개발 가능성이 높아 보여야 프리랜서로 일할 수 있는 기회를 얻
는다. 자신이 만든 여행상품 포트폴리오를 준비해두는 것이 좋다. 독특한 아이디어 여
행상품을 개발해 여행상품 기획사나 여행사에 제안서를 제출하여 기획능력을 인정받는
것도 좋은 방법이다. 작은 여행사의 경우 여행상품 개발자를 따로 선발하기보다는 상품
개발이 필요할 때 작업을 의뢰하거나 공고를 통해 건당 계약하여 개발하기도 한다.

많은 여행 경험을 바탕으로 여행상품에 대해 자신만의 아이디어가 있는 경우 여행사
창업을 통해 상품판매를 적극적으로 추진해볼 수도 있다. 여행사 창업은 절차가 간편하
고 다른 업종에 비해 창업 자본이 적게 드는 편이다.

(1) 대학의 관련 학과 진학

여행상품 개발자가 되려면 대학의 관광경영(학)과, 문화관광(학)과, 국제관광(학)과,
호텔경영(학)과 등의 관광 관련 학과를 졸업하면 유리하다. 이들 학과에서는 관광학의
기초이론을 비롯해 여행업, 호텔경영 등 관광산업과 관련된 전반적인 분야를 배울 수
있다.

(2) 필요한 자격증

2009년 관광진흥법이 개정되어 한국관광공사에서 주관한 관광통역안내사 자격을
가진 사람만이 외국인 관광객을 대상으로 하는 여행업을 하거나, 관광안내를 할 수 있
게 되었다. 국내여행에는 한국관광협회중앙회에서 주관하는 국내여행안내사 자격이 있

으면 유리하다.

대형 여행사(하나투어, 모두투어) 채용요건을 살펴보면 하나투어는 OPIC(외국어 말하기 평가) 또는 TOEIC 점수로 외국어 능력을 평가한다. 제2외국어 능통자나 관광통역 가이드 자격 보유자를 우대한다. 모두투어는 여행 인솔자, 항공 CRS, OA(사무자동화) 관련 자격증 소지자, 외국어 능통자와 직무 관련 경력이 있는 사람을 우대한다.

CRS 자격증(Computer Reservation System)이란 컴퓨터 예약발권 시스템인 CRS 프로그램 자격증을 말한다. OP(개인용 컴퓨터) 실무 자격증은 여행 관련 용어 및 항공업무 파악, 수배 및 수속업무, 여행상품 개발, 지상 견적서 및 원가계산서 작성에 필요한 프로그램 자격증이다. 그 밖에 내국인의 단체 외국여행을 인솔하면서 현지 가이드와 협조하여 여행이 원활히 진행될 수 있도록 하는 OP 실무 자격증 교육을 이수하거나 관광통역안내사 자격증을 취득하는 것도 유리하다.

(3) 교육 및 훈련

여행상품 개발자가 되기 위해서는 여행 관련 분야의 업무 경험이 있거나 국내외 여행 경험이 많은 것이 유리하며, 특별히 요구되는 학력은 없다. 여행 업무를 비롯해 여행 지역에 대한 교통이나 지리, 숙박, 문화 등 모든 정보를 숙지하고 있어야만 업무 수행이 가능하기 때문에 관련 회사에 취업해도 처음부터 여행상품 개발자가 되는 것은 아니며, 관련 업무를 통해 일정 이상의 경력을 쌓아야 한다. 따라서 여행사 관련 아르바이트를 통해 기본적인 업무를 미리 습득해 놓고 여행경험을 많이 갖는 것이 무엇보다 중요하다. 여행 관련 업무 경험이 없을 경우 여행사에서 운영하는 TC(해외여행인솔자자격증) 전문학원이나 대학의 사회교육원 등에서 여행업 종사자를 위한 강의를 수강하는 것도 좋다.

5. 여행상품 개발자의 근무 여건 및 전망

여행상품 개발자는 여행사의 핵심 인력이다. 처음부터 여행상품개발을 담당하는 경우는 극히 드물다. 여행사에서 일반 직원으로 취업하여 티켓발권이나 여권발급 대행 같은 초보적인 일부터 익히면서 여행업무 경험을 쌓아 능력을 인정받게 되면 여행상품 개발 업무를 담당하게 된다. 수년(5년 정도)에 걸친 경험과 경력을 쌓은 팀장급 정도는 되어야 상품개발의 주축이 될 수 있다.

근무시간은 여행사에 따라 차이가 있지만 본사에서 근무하는 여행상품 개발자는 보통 오전 9시~오후 6시까지 근무한다. 하지만 상품개발 단계일 때는 야근을 불사해야 하며, 출장 시에는 밤낮없이 일하기도 한다. 여행상품 개발만 전담하는 경우가 드물기 때문에 여행업의 특성상 성수기인 여름 휴가철과 방학 때는 늦게까지 일하는 경우가 많다. 특히 장기간의 해외 출장이 빈번하기 때문에 기후변화와 시차를 극복해야 하며 강한 체력이 요구된다.

2017년 7월 한국고용정보원의 '관광산업의 고용변화와 인력수요 전망'에 따르면 2014~2020년 음식 및 음료 제공서비스를 제외한 관광산업 종사자 수는 4만 8,000명, 연평균 증가율은 1.7%에 그칠 것으로 전망되는 등 2020년까지 관광산업의 인력수요 증가 추세가 둔화될 것이라는 전망이 나왔다. 이 수치는 지난 2005~2010년과 2010~2014년 연평균 증가율 각각 3.0%, 3.3%였던 것과 비교하면 저조한 수치다. 관광산업에서 나타난 고용 증가는 관광관련 시설에 대한 건설투자의 확대, 소규모 자영업의 증가와 저가항공노선의 확대, 문화시설과 공연 확대 등을 통해 이뤄졌다. 현재 관광산업의 고용에 영향을 미치는 요인으로 미국의 금리인상, 가계대출 증가로 인한 소비심리 위축, 사드(THAAD) 배치 문제로 촉발된 중국인 관광객의 감소 및 위축, 경기 침체 등이 있다. 따라서 관광산업의 고용유지와 지속적인 성장을 위해서는 불안요인의 제거가 시급하다고 할 수 있다.

그나마 다행스러운 점은 최근 차별화된 개별 여행에 대한 선호도가 높아지고, 인터넷 보급과 각종 SNS를 통해 실시간 여행안내에 대한 정보가 넘쳐나면서 여행의 패턴이 집단보다는 개별 또는 가족 단위의 고급, 품격있는 방향으로 전환되고 있어 여행상품 개발자의 수요가 감소하지는 않을 것으로 보여진다.

다만 여행상품 개발자는 몇몇 대규모 업체를 제외하고는 대부분 중소규모의 여행사에 근무하고 있는데, 노동 강도가 세고 이직과·전직이 잦은 편이다. 여기에 최근 여행을 좋아하는 젊은 인력들이 관련 직업에 관심을 가지면서 여행사를 중심으로 입사경쟁이 치열하다.

Interview

여행상품 개발자

권기경

여행상품 개발자는 어떤 일을 하나요?

여행상품 개발자가 무슨 일을 하는지 알기 위해서는 먼저 여행상품이 어떻게 만들어지는지, 여행업의 구조에 대해 알 필요가 있습니다. 예를 들어 동남아시아 여행상품 하나를 놓고 본다면, 이 상품을 위해 작게는 10여 명, 많게는 수십 명의 스태프가 오직 이 상품을 기획, 구성하기 위해 애를 씁니다.

여행상품을 개발하기 위해서는 먼저 사람들이 가고 싶어 할 만한 지역을 찾고, 그곳으로 이동할 교통수단을 알아본 후에 상품으로 개발할지 말지를 결정합니다. 상품개발이 결정되면 항공이든 배든 무엇을 타고 갈지 정하고, 여행객들이 관심을 가질 만한 세부적인 목적을 설정합니다. 예를 들어 며칠 걸리는지, 계절은 어느 계절인지, 방문목적이 자연경관을 감상하러 가는 것인지 아니면 도시 관광과 쇼핑인지 등 정확한 여행목적과 여행수요를 설정해야 합니다. 최종 결정은 수집된 정보와 회의를 통해 일반적으로 팀장이 하게 됩니다.

이렇게 정해지면 현지에 있는 여행사를 통해 우리가 몇 박 며칠에 어떤 관광지를 구경하려고 하니 이동할 때 탈 버스비는 얼마인지, 중간에 식당은 있는지, 어떤 종류의 음식이 있는지를 알아보고 협의를 합니다. 그럼 현지 여행사는 거기에 맞춰 '관광지 가는 길에 식사는 이 정도 하고, 이동 거리가 얼마나 되니 정해진 시간에 볼 수 있는 관광지를 뽑고, 이렇게 몇 박 며칠의 일정을 만듭시다.' 하며 제시합니다. 그리하여 협의가 되면 최종 점검을 거쳐 여행상품으로 탄생하게 되는 것이죠.

이처럼 하나의 여행상품이 탄생하려면 수많은 사람들의 도움과 복잡한 과정을 거쳐 이루어집니다. 여행상품 개발업자는 여행상품을 기획하고 구성하는 데 있어 다양한 정보와 의견을 취합해 결정을 내리는 역할을 합니다.

이렇게 여행상품 기획을 맡게 되기까지 어떤 과정을 거치나요?

기본적으로 여행사 업무 전반을 알고 이해해야 여행상품을 기안하고 기획도 할 수 있습니다. 입사하고 처음에는 선배들이 시키는 여행 일정표를 만들고, 여행날짜와 요금을 조정하는 일을 하며 '아 이런

> 우리 직업은 추억을 파는, 추억에 가치를 더해서
> 파는 눈에 보이지 않은 감동이라는 가치를 더해서
> **그 사람이 사는 동안에 기억될 수 있는**
> **그런 자산을 판매하는 것**입니다.

여행코스는 이렇게 이동하는 구나' 하면서 여행상품 구성의 흐름을 자연스럽게 익히게 됩니다.

이렇게 기본업무를 습득하려면 3개월~6개월 정도 필요하고, 이후부터는 선배와 함께 자신이 맡고 있는 관할 여행상품 지역에 출장을 갑니다. 출장을 가서 판매되고 있는 여행상품의 호텔은 어떻게 생겼는지 사진을 찍고, 식당의 메뉴는 어떤지 맛과 위생을 점검하고, 이동수단의 안전 상태를 확인하는 등의 일을 합니다.

이렇게 직접 확인하면서 여행상품을 개발하는 훈련을 받은 다음에는 상품기획과 구성에 필요한 업무, 예를 들어 발권을 하거나 해외 여행사를 통해 정보를 수집하는 등의 업무를 맡게 됩니다. 보통 이 시기에 하나의 여행상품, 예를 들어 동유럽 9일 상품 담당, 알래스카 크루즈 상품 담당 같은 이미 개발된 여행상품을 하나씩 맡게 됩니다.

이런 식으로 해서 3년 정도 지나면 일반 회사에서 말하는 주임, 대리가 됩니다. 이렇게 여행상품 기획에 관련된 기본구조를 모두 익히고 나면 좀 더 넓은 범위, 몇 개 나라를 포함하는 여행상품을 담당하지요. 보통 3~4명의 스태프를 두고 운영하는데 발권만 도와주는 직원, 현지 연락을 전담하는 직원, 입금을 체크하는 직원 등이 있습니다.

일반적으로 여행상품은 더운 나라, 시원한 나라 등 환경만 다를 뿐이지 상품을 구성하는 방식은 비슷합니다. 따라서 미국, 유럽, 동남아 등 많은 지역을 경험할 수 있도록 3~4년 동안 거의 모든 나라의 여행상품 업무에 투입됩니다. 이렇게 하여 입사 후 빠르면 10여 년 정도부터 과장급 팀장이 되어 비로소 여행지역, 주요 여행 소비자층, 여행목적 등을 설정하거나 가이드라인을 정할 수 있습니다.

여행사에서는 어떤 인재를 뽑나요?

예전에는 여행사에 들어오려면 대학의 관광과에서 공부한 사람으로 제한했습니다. 그런데 여행사에서 오래 근무하다 보니 여행사에 필요한 인재상이 정립되더라고요. 제가 한때 인사담당 부서장도 겸한 적이 있거든요.

그래서 저희가 사람을 뽑을 때는 첫째, 기본적인 외국어 숙련 정도를 봅니다. 그렇다고 외국어를 아주 많이 잘할 필요는 없어요. 왜냐하면 처음부터 본인 혼자서 외국어로 모든 것을 해야 하는 업무를 맡지는 않거든요. 그러나 해외에서 오는 확정서나 계약서가 모두 다 영어로 되어 있기 때문에 영어를 기본으로 하고 중국어나 일본어 같은 외국어를 할 수 있으면 훨씬 유리합니다.

둘째, 요즘은 모든 작업이 전산화되어 있기 때문에 엑셀을 포함한 컴퓨터 활용능력이 요구됩니다.

셋째, 책을 많이 읽었는지, 관심 분야가 다양한지를 꼭 확인합니다. 독서와 호기심은 여행사 직원으로서 꼭 갖추어야 할 자질입니다. 여행업이란 바쁜 현대인들을 대신해서 여행 계획을 설계해 주는 것이잖아요. 따라서 누가 보더라도 마음이 움직일 수 있도록 감성을 터치하려면 그림도 많이 보고, 음악도 다양하게 듣고, 책도 다양한 종류를 읽는 등 다방면의 지식과 감성이 필요합니다. 예를 들어 여행상품 일정표 하나를 만들더라도 '경주 불국사에 가서 어떤 양식의 건축물을 볼 예정입니다. 이동시간은 1시간 소요.'라고 표기하는 것과 '가을 무렵 오후 2시

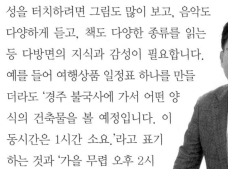

경 불국사 올라가는 길은 운무로 덮여 있습니다. 그 길을 걸으며 지나온 당신의 생활을 돌아볼 수 있는 여유를 가질 수 있습니다. 이동시간은 1시간입니다.' 이렇게 표기하는 것하고는 느낌이 다르죠. 그러자면 폭넓은 관심을 통해 사람들의 마음을 잘 헤아릴 수 있는 그런 감성이 필요합니다.

마지막으로 체력은 필수입니다. 서비스업이기 때문에 하다못해 고객과 통화를 하더라도 상대방이 내가 지금 웃으면서 대화하고 있다는 걸 전달할 수 있는 명쾌한 목소리가 나와야 하는데 그건 몸과 마음이 건강해야 가능하죠. 이 정도만 갖춘다면 그 이외 조건들, 전공이나 학력은 가리지 않습니다.

언제부터 이 일을 하셨나요? 전공은 무엇이었는지요?

비교적 늦은 나이에 시작했어요. 게다가 여행과 관련한 학과 출신도 아니었죠. 법학과 금속공학을 전공했어요.

그럼 여행업은 어떻게 해서 시작하신 건가요?

호주 유학 시절 대학 내에 STA라는 여행사가 있었는데 거기서 아르바이트를 했거든요. 아르바이트하면서 여행사 업무가 무엇인지 어깨너머로 보게 되었고, 이후 한국으로 돌아와서 여행사 다니는 친구를 통해 여행업의 세계로 들어오게 되었습니다. 처음 시작한 일은 투어컨덕터였어요.

어떤 계기로 기획하게 되었는지요?

당시 남미에 관한 책을 읽다가 세계에서 세 번째로 큰 해와 달의 피라미드는 어떻게 만들어졌을까 궁금해졌거든요. 어떻게 고대인들은 이런 어마어마한 문명을 이룩할 수 있었나를 찾아봤더니 옥수수 때문이더라고요. 옥수수 씨앗 하나를 심었을 때 단위 생산성이 감자 같은 작물에 비해 120~200배나 되더라고요. 결국 잉여 생산물이 있으니 인구가 늘어났고, 그러다 보니 문명이 발전할 수 있었다는 것을 알게 되었지요. 그렇게 중남미에 관련된 책을 탐독하다 보니 브라질 삼바축제까지 관심을 갖게 되었습니다.

투어컨덕터란 무엇인가요?

여행객들이 단체로 해외여행을 갈 때 출발부터 도착까지 여행의 모든 편의(길 안내와 통역 등)를 챙겨주며 여행자가 안전하게 여행할 수 있도록 도와주는 일을 합니다.

투어컨덕터를 시작한 이유는 외국어를 할 줄 알았고, 비교적 자유롭게 일을 할 수 있다는 장점 때문이었습니다. 요즘은 투어컨덕터 자격증이 생겨 교육을 이수해야만 할 수 있는 일이지만, 제가 시작했던 1990년대에는 자격증 없이도 시작할 수 있었습니다. 그렇게 투어컨덕터를 하면서 아프리카, 미국, 유럽, 쿠바, 호주 등 전 세계 약 200여 개의 나라를 돌아다닐 수 있었고, 그 경험을 바탕으로 1990년대 후반 미주 팀장을 시작으로 대양주, 유럽, 동남아 팀장을 거치며 여행상품을 기획하게 되었습니다.

기획한 여행상품 중 기억에 남는 것은 무엇인가요?

가장 기억에 남는 상품은 '헤밍웨이를 찾아서'라는 쿠바여행 상품입니다. 2000년대 초반 쿠바여행이 자유롭지 않을 때였지요. 여행일정은 멕시코시티를 거쳐 멕시

코 남쪽에 있는 유카탄반도까지 비행기와 차량으로 이동해서 마야 최대의 유적지인 치첸이트사에서 마야문명을 봅니다. 그런 다음 칸쿤에서 비행기를 타고 쿠바의 아바나로 가서 차로 20분쯤 가면 헤밍웨이가 '노인과 바다'를 집필했던 별장이 있어요. 헤밍웨이는 바다낚시를 무척 좋아했던 사람인데 별장에는 그가 탔던 요트, 그가 좋아했던 사냥총 등이 있어요. 그런 것들을 보는 감동이 컸습니다. 비록 많이 팔리진 않았지만, 그 여행상품이 가장 기억에 남아요.

또 하나는 16~17년 전 브라질의 삼바축제를 보러 가는 여행상품을 기획했는데, 당시 사람들에게 생소했고 또 너무 비싸서 잘 될까 싶었는데 어마어마하게 팔렸습니다.

Q **여행상품 개발자라는 직업의 가장 큰 장점은 무엇일까요?**

신입사원 면접을 볼 때 지원자들에게 여행사에 입사하고 싶은 이유를 물어보면 대부분 좋아하는 여행 많이 다닐 수 있을 것 같기 때문이라고 답합니다. 그때마다 저는 이렇게 얘기해줍니다. 여행사에서 일하는 사람들은 절대로 남들이 휴가를 가는 시즌에 가지 못한다고. 게다가 여행사는 역사가 20여 년 밖에 안 된 신생산업이라 급여도 그렇게 많지 않다고요.

하지만 직업으로서는 굉장히 좋은 직업입니다. 예를 들어 의사는 항상 아픈 사람만 만나지만 여행사에서 일하는 사람들은 기쁜 사람들만 만나거든요. 여행을 앞두고 슬픈 사람은 없잖아요? 그리고 여행상품이 제대로 판매만 되고 제대로 약속 이행만 되면, 다녀와서 여행상품을 판매한 나에 대해 좋은 기억을 가질 수 있게 되죠. 우리 직업은 추억을 파는, 추억에 가치를 더해서 파는 눈에 보이지 않은 감동이라는 가치를 더해서 그 사람이 사는 동안에 기억될 수 있는 그런 자산을 판매하는 거죠. 그래서 항상 즐거울 수 있고 그래서 보람을 느낄 수 있는 직업입니다.

1. 조종사 교육기관

· 한국항공대학교 비행교육원　　www.kau.ac.kr/ftc

한국항공대학교 부설기관으로서 건설교통부 지정 전문 교육기관 인가를 받아 항공분야의 조종사 양성에 필요한 비행교육을 실시하고 있다. 세계적인 수준의 조종사를 배출하기 위한 목적으로 설립되었으며, 항공운항학과 학생들을 대상으로 민·군 조종사 양성을 위한 교육과정을 제공하고 있으며, 나아가 대한항공의 조종훈련생 양성 프로그램을 위탁받아 일반 4년제 대학 졸업생들에게 조종 훈련생 교육과정을 제공하여 최고의 민간항공 조종사를 배출하고 있다.

· 한서대학교 비행교육원　　hanseoflight.hanseo.ac.kr

한서대학교 부설 교육기관으로서 아시아 최초의 대학 내 자체 훈련목적의 태안 비행장을 보유하고 있으며, 한서대학교 학생뿐만 아니라 일반인들을 위한 비행교육 과정을 개설하여 소수에게만 국한되었던 비행교육 문호를 개방함으로써 더욱 많은 이들에게 조종사의 꿈을 실현해 나아갈 수 있도록 노력하고 있다.

· 울진비행훈련원　　www.pilot.sc.kr

경상북도 울진군 울진 비행장 내에 자리한 한국항공전문학교 부설기관이다. 1990년 개교하여 항공분야 전문 교육기관으로 수많은 항공 전문인력을 배출해 왔다. 2014년 국토교통부가 주도하는 전문항공 조종인력 양성사업 교육기관으로 선정(선정기관: 한국항공전문학교, 한국항공대학교)되어 한국항공전문학교 울진비행훈련원을 개설해 전문 항공조종사 양성을 위한 체계적인 교육을 시행하고 있다.

· 한국과학기술직업전문학교　　www.kstcac.or.kr

'한국과기전'이라고 부르며 국토교통부 지정 항공 종사자 전문 교육기관으로, 20여 년 전통을 지닌 항공정비 특성화 교육기관이다. 항공 정비사가 되기 위한 실제 내용에 맞추어 무료 심화수업을 진행하고 있으며, 50여 개 산학협약 체결로 한 학기 산학실습 진행 진로지원 센터를 통해 학생들의 졸업 후 진로에 대한 준비방법과 내용, 결과에 대해 지도 관리하고 있다.

2. 항공교통 관제사 전문 교육기관

· 한국항공대 부설 항공교통관제교육원

건설교통부 지정 항공교통 관제사 전문 교육기관으로 재학생, 정부 및 관련 기관의 위탁 연수생들을 대상으로 항공교통 관제사 양성과 자질향상에 필요한 교육을 하여 항공안전과 민간항공 발전에 기여하고 있다.

· 한서대 부설 항공교통관제교육원

항공교통관제교육원은 2003년 8월 1일부로 건설교통부 항공안전본부로부터 항공 종사자(항공교통 관제사 가정) 전문 교육기관으로 지정받아 1년에 최대 30명의 항공 전문 인력을 배출하고 있다. 항공교통관제교육원은 국내 기준은 물론 국제 민간항공기구에서 정한 자격별 훈련기준과 훈련지침, 지

정업무에 관한 세부사항 및 절차요건 등의 국제기준을 충족하는 교육 프로그램을 통하여 항공안전 및 민간항공 발전에 기여함을 그 목적으로 한다.

· KAC 한국공항공사 부설 항공기술훈련원

김포공항 등 7개 국제공항을 포함한 14개 공항과 항로시설 본부를 운영하는 한국공항공사 소속으로, 우리나라 민간항공산업의 발전을 위하여 1984년 우리 정부와 UNDP/ICAO(국제 민간 항공기구)와의 협정으로 설립되었다.

공항운영, 항행 안전시설 운영 등 공사 자체의 직무교육 이외에도, 해외 개발도상국 항공종사자 교육, 공사에서 자체 개발한 항행 안전장비의 해외 판매에 따른 제작사 교육, 국토교통부, 육군, 공군, 항공사 등 외부기관 수탁교육에 이르기까지 매년 100여 개의 전문 교육과정을 시행하고 있으며, 2012년부터는 항공보안, 공항 서비스 분야 교육도 총괄하고 있다.

3. 항공영어 교육 및 시험기관

· G-TELP　　www.gtelp.co.kr

G-TELP KOREA는 국가지정 공인 항공영어 구술능력평가 전문기관(항공법 제34조, 국토교통부)이다. 국제 테스트 연구원(ITSC, International Testing Services Center)에서 주관, University of California LosAngeles, Georgetown University, San Diego State University, Lado International College 등의 저명한 교수진이 연구, 개발하였고, 국내외 저명한 언어학자, 평가전문가들이 참여하여 국제적으로 시행하는 공인 영어시험이다.

G-TELP는 1985년 ITSC 주관으로 개발 완료 검증된 이래 세계 여러 나라 정부기관, 교육기관, 기업 단체에서 독해(reading), 청취(listening), 구술(speaking), 쓰기(writing) 평가를 위한 일반영어, 실용영어 활용능력 평가툴로 활용되고 있는 국제표준 공인영어 시험이다.

우리나라에는 1986년 지텔프한국위원회가 설립되어 G-TELP 시험을 주관 대행하였다. 현재 G-TELP KOREA가 ITSC GROUP G-TELP SERVICES의 글로벌 파트너로서 국제적으로 G-TELP 시험을 운영 주관하고 있다. G-TELP는 구술(speaking) & 쓰기(writing) 평가 분야에서 최고의 신뢰성과 인지도, 활용도를 갖고 있다.

· IAES　　www.iaes.co.kr

IAES는 항공영어 구술능력 평가도구 및 솔루션 개발과 항공영어 교육 프로그램을 개발하고 있는 항공전문 영어 교육기관으로 ICAO 회원국 중 여러 나라의 정부와 항공사를 고객으로 관리하고 있다. 국제적인 항공영어 교육 및 평가 전문기관으로서 항공 종사자들의 영어구술능력에 대한 평가와 교육을 위하여 효과적인 프로그램 연구 개발을 주요 서비스로 제공하고 있다.

또한 항공 영어시험 EPTA를 시행하기도 한다. EPTA(English Proficiency Test for Aviation)란 ICAO(International Civil Aviation Organization, 국제 민간항공기구)에서 주관하는 항공 영어시험이다. ICAO는 조종사와 관제사들의 의사소통 능력 증대에 대한 종합적인 방안을 마련하여, 국제 항공업무

의 종사자격으로 ICAO 규정에 명시된 언어등급 중 일정능력 이상에 대한 검증을 필수적으로 받도록 제도화할 것을 각국 항공운항 당국에 요구해 왔다. 이에 우리나라도 2008년 3월부터 국제 항공업무 종사자는 모두 필수 영어 자격증을 획득하도록 했고, ICAO 항공영어 등급 6등급 미만인 사람은 주기적으로 재평가(5등급은 6년마다, 4등급은 3년마다)를 받도록 하고 있다.

필수 적용대상은 항공기 조종사, 회전익 조종사, 항법사, 항공교통 관제사, 비행 정보요원이며, 선택 적용대상은 항공기관사, 활공기 조종사, 비행선 조종사 등이다.

EPTA는 조종사와 관제사 간의 무선통신(Radio Communication)에 있어 영어적 활용도에 대한 평가를 위해 설계된 시험이다. 이는 영어평가, 응용언어학, 항공 전문영역 전문가들의 자문을 바탕으로 개발되어 IAES(국제항공영어서비스)가 EPTA 시행 사무국에서 관장하고 있다.

4. 항공교육 및 산업 관련 정보

• 한국항공진흥협회　　www.airtransport.or.kr
한국항공진흥협회는 1992년 11월 18일 항공법 제143조를 근거로 출범한 비영리 법인이다. 우리나라 항공산업의 지속가능한 발전을 위해 항공운송 사업 제도개선, 항공안전 조사·연구, 항공정보 체계구축, 공항시설 운영개선, 항공 종사자 육성 및 지원을 위해 정부, 민간, 국제기구 등과 상호협력, 소통하여 수많은 법적 임무와 과업을 성공적으로 완수하여 우리나라가 초일류 항공 선진국으로 도약하는 데 선도적 역할을 수행하고 있다.

• 항공인력개발센터　　www.goaviation.or.kr
항공산업 발전에 부응하고 전문 인력을 선제적으로 양성하여 항공인재 풀(pool)을 확대하기 위한 항공 전문 인력 양성사업의 성과관리, 사업비 운영 등을 담당할 전담조직의 설립을 통해 동 사업을 성공적으로 추진하기 노력하고 있다.

항공인력 양성사업의 목적은 항공 관련 전문지식 및 실무능력을 겸비한 글로벌 항공인재를 양성하여 청년실업 문제를 해소하고 항공산업 발전을 위한 저변 확대에 있다. 양성목표는 2013년부터 5년간 항공 관련 인력 2,620명이며, 양성분야는 항공 조종인력(사업용 조종사), 항공 우주기술 및 국제항공 전문가(석사급), 항공 인턴, 항공 기초인력이다. 주요업무는 미래 항공인력 양성을 효율적이고 체계적으로 추진하고 정부지원금 신청 및 집행 등 사업비 관리감독, 운영위원회 운영 관리 등에 관한 사항을 지원한다. 위탁기관 또는 비행훈련 사업자, 실시기업 등 양성사업 수행에 대해 지도감독 및 평가, 지원한다.

• 한국교통안전공단　　www.ts2020.kr
항공 종사자 자격시험 시행기관이다. 항공 종사자 자격시험이란 조종사, 관제사, 정비사 등 항공 분야 종사자의 전문성을 확보하여 항공 서비스의 개선과 안전운항, 여객 및 화물운송의 건전한 육성을 도모하기 위해 시행하는 시험이다. 항공교통 관제사 관련 기관은 국토교통부 항공관제과(www.mltm.go.kr)와 항공교통센터가 있다.

ACL [Allowable Cabin load] 허용 탑재차량
운항 조건을 고려한 허용 탑재량으로서 Maximum pay load 를 초과할 수 없으며, Weight Limited pay load라고도 한다. 따라서 ACL은 어떤 조건 및 상태에서의 최대 이륙중량(AGTOW)에서 운항자 및 탑재연료를 제외한 중량이어야 한다.

ADIZ [Air Defensd Identification Zone] 방공 식별지역
자국의 영공 방위를 위하여 영공 및 영해로부터 일정 방위를 연장하여 동 구역 내에 침투하는 비행체가 적인지 아닌지를 식별하기 위하여 설정된 구역이다.

APU [Auxiliary Power Unit] 항공기 보조동력 장치
독립된 터빈 또는 왕복 엔진 동력에 의한 발전기, 유압펌프 그리고 공기펌프를 말한다. 보조 동력기는 항공기에 장착되어 주 엔진 시동 또는 지상운용을 위한 전원, 공기와 유압을 제공하는 데 활용된다.

ATC [Air Traffic Control] 항공교통 관제
첫째, 항공기가 안전하고 질서정연하게 운항할 수 있도록 지원하는 시스템을 말한다. 특히 항공교통관제는 계기비행 방식으로 항공로 관제구를 비행하는 항공기의 관제가 중심이 되며 항공기 상호 간의 충돌방지, 항공교통의 질서유지 등을 확보하는 데 그 목적이 있다. 따라서 항공 시스템 전체의 효율화와 항공수송의 경제성에 미치는 영향이 대단히 크다.
둘째, 지상으로부터 항공기 교통의 관제를 말한다. 항공교통관제는 공항 근처에 있는 항공교통요원에 의한 관제탑과 공항 사이의 항로를 따라 서 있는 항공교통요원에 의한 공중항로관제소로부터 수행된다. 효과적인 항공교통관제는 그들의 관제 하에 있는 모든 항공기 항적을 유지할 수 있도록 하는 효과적인 상호 무선통신과 레이더가 있기 때문에 가능하다.

Black Box 비행자료 기록장치
블랙박스는 일반적으로 통용되는 말이나 정확한 용어로는 비행자료 기록장치(FDR, FLIGHT DATA RECORDER)와 조종실 음성녹음 장치(CVR, COCKPIT VOICE RECORDER)를 지칭하는 애칭이다. 이 블랙박스는 항공기 사고발생 시 기술적 규명에 결정적인 역할과 증거자료로 활용된다.

CFIT [Controlled Flight Into Terrain] 지형 충돌 장애 비행
항공기의 조종과 지상에서의 관제가 정상적으로 이루어진 상태에서 조종사의 과도한 강하율로 인하여 항공기가 지상의 장애물이나 해면에 추락하는 사고를 말한다.

CRS [Computer Reservattion System] 전산예약시스템
컴퓨터를 이용한 좌석 및 화물실 공간의 예약판매 및 관리 시스템으로서, 컴퓨터 내에 저장되어 있는 각 운항편의 예약상황을 각 지점의 단말기로부터 수시로 조회하여 즉각적으로 예약에 필요한 조치를 취할 수 있도록 한다. CRS의 발달로 고객의 예약이나 발권 서비스의 지역적인 한계를 넘어서서 다국간 통합 마케팅을 가능케 하였다

CVR [Cockpit Voice Recorder] 조종석 음성기록 장치
조종실 내에서의 승무원 간의 대화, 항공교통 관제기관과의 통화, 객실 승무원과의 통화 등을 녹음하는 장치이다. 항공사고 발생 시, 사고원인 규명을 목적으로 하는 것으로 화재나 큰 충격에 견디는 구조로 만들어진다.

ETA [Estimated Time of Arrival] 출발 예정시간
계기비행(IFR) 항공기의 경우는 항행 보조시설에 의해 설정된 계기접근 개시지점의 도착예정 시간을, 항행 보조시설이 없는 경우에는 비행장 상공 도착예정 시간을 의미하며, 시계비행(VFR) 항공기의 경우는 비행장 상공 도착예정 시간을 의미한다.

FAA 미연방항공국
미연방항공국(聯邦航空局, Federal Aviation Administration, FAA)은 미국 교통부의 하부기관으로 항공수송의 안전유지를 담당한다. 미국 내에서의 항공기의 개발, 제조, 수리, 운항허가 등은 이곳의 승인 없이는 실시할 수 없다. 항공사에 대한 감찰, 감리, 비행승인, 안전도 등 항공기와 관련 거의 모든 업무를 담당한다. 대부분의 항공사들은 FAA의 규정을 따라야 여객업무가 가능하다.

FIR [Flight Information Region] 비행정보구역
비행정보 업무 및 경보업무를 제공하는 일정한 범위의 공역을 의미한다. 비행정보구역은 국가별 영토 및 항행지원 능력을 감안하여 ICAO의 조정에 의하여 각 가맹국에 할당되어, 비행정보 업무 및 조난 항공기에 대한 경보 업무를 제공키 위하여 담당하고 있는 영공 및 공해의 상공을 말한다. 각 FIR은 ICAO 가맹국의 영공 주권보다는 오히려 항공교통의 흐름을 촉진토록 고려하여 분할된다. 따라서 각 FIR의 명칭은 국명을 붙이지 않고, 담당하고 있는 관제중추(비행정보센터)의 명칭이 붙으며, 우리나라는 인천비행정보구역을 담당하고 있다. 각 정보구역 중에는 영토, 영공의 상공과 공해의 상공으로 나뉘어 각각에 따라 관제 밀도도 다르게 된다.

FIS [Flight Information Service] 비행정보 제공 업무
비행장 및 항공보안 시설 운용상태 등 항공기의 안전하고 효율적인 비행을 수행하는 데 필요한 조언과 정보를 제공할 목적으로 제공되는 업무이다.

FOD [Foreign Object Damamge] 외부 물체에 의한 손상
엔진의 부품이 아닌 물체를 흡입하여 가스터빈 엔진의 가스 통로에 있는 구성품이 파손되는 것을 말한다. 엔진 공기 흡입구에 부주의하게 놓인 공구 또는 활주로 및 유도로 상에 있는 파편 또는 작은 조각들은 지상운용 시 FOD의 원인이 되고, 비행 중에는 흡입되는 얼음 파편이나 해 등이 FOD의 원인이 된다.

IFR 계기비행 방식[Instrument Flight Rules]
항공기와 지형 등의 상호관계를 대조하지 않고 비행자세, 비

행지점, 항로 등을 자체에 장비된 계기에만 의존하여 비행하거나 착륙하는 방식을 말한다. 지형을 살필 수 없는 야간이나 악천후에 필요하며, 맑은 날에도 항공기 상호 간의 공중충돌 방지에 중요한 역할을 한다. 계기비행은 감독관청이 정한 계기비행 규칙에 따라 이루어지는데, 이 방식으로 항로를 비행하는 항공기는 항공교통관제 기관에 의해 그 움직임이나 위치를 지상으로부터 항상 감시받게 되어 있어, 긴급사태가 발생했을 때는 신속한 조치가 가능하다. 또 계기의 지시대로 충실히 비행하기 위해서는 조종사도 고도의 기술이 필요하므로, 비행 자체의 안전성은 대단히 높아지는 특징을 가지고 있다. 이 때문에 안전성이 요구되는 여객수송에서는 가능한 한 이런 방식으로 비행하도록 하고 있다.

GMT [Greenwich Mean Time] 그리니치 표준시

첫째, 경도 0도의 자오선에서의 평균 태양시를 일컫는다. UTC라고도 하며 전 세계 표준시간의 기준으로 사용된다. 영국의 한 작은 도시의 이름을 따서 붙여진 GMT는 컴퓨터, 인공위성 및 GPS와 같은 항법장치를 위한 표준시간으로도 사용된다. GPS는 UTC/GMT와 동기되어 있으며, 1980년 1월 5일 자정을 GPS 0시로 하여 시간을 측정한다.
둘째, 영국 그리니치 천문대를 통하는 자오선에서의 평시를 세계 공통의 표준시각으로 한 것을 말한다. 항공기 운항이나 항공관제에서 통상적으로 GMT가 사용된다. Z로 표시된다.

IATA [International Air Transport Association] 국제항공운송협회

세계 각국의 항공기업(32개국 61개 항공회사가 참여)이 1945년 4월, 쿠바의 아바나에서 세계항공회사 회의를 개최하여 제2차 세계대전 후의 항공수송의 비약적인 발전에 따라 예상되는 여러 가지 문제에 대처하고 국제 항공수송 사업에 종사하는 항공회사 간의 협조강화를 목적으로 설립한 순수 민간 국제협력 단체이다. 항공운임의 결정, 운송규칙의 제정 등이 주된 임무이며 준공공적 기관으로서의 성격을 갖고 있다.
기능적으로는 1919년 헤이그에서 설립된 구 IATA를 계승한 것으로 볼 수 있다. IATA의 목적은, 첫째 세계 모든 국민의 복지를 위하여 안전, 확실 및 경제적인 항공수송의 발달을 촉진함과 동시에 이와 관련되는 모든 문제의 해결, 둘째 국제 민간항공 운송에 종사하고 있는 민간 항공기업의 협력기관으로서 협력을 위한 모든 수단의 제공, 셋째 ICAO, 기타 국제기관과의 협력을 도모 등 세 가지로 크게 나눌 수 있다.
이 중에서도 가장 중요한 것이 항공기업 간의 협력이다. 이러한 목적에 따라 항공기업 간에 통일적으로 사용해야 할 각종 표준방식을 설정하는 공적을 남겼다. 이 중에는 표준 운송약관, 항공권, 화물 운송장, 복수 항공기업 간의 연대 운송협정, 판매 대리점과의 표준계약, 표준 지상업무 위탁계약 등이 포함된다.

ICAO [International Civil Aviation Organization] 국제민간항공기구

국제 민간 항공수송의 건전한 발전을 조장할 것을 목적으로 시카고 국제 민간 항공조약에 의해 설립이 규정되어, 1949년 국제연합의 하부기관으로 발족하였다. 주요기관으로는 총회, 이사회, 사무국으로 구성되며, 전문 위원회로 항공위원회(기술을 담당), 항공운송위원회(운송을 담당), 법률위원회(항공법을

담당), 공동유지위원회(항공보안시설을 담당) 등으로 구성되어 있다. 본부는 캐나다 몬트리올에 있다.

NOTAM [Notice to Airmen] 항공 고시보

비행업무 관련 종사자가 적시에 필수적으로 알아야 하는 항공시설, 업무, 절차 또는 위험의 상태, 변경, 신설 등에 관한 정보를 수록하고 있는 공고문을 전송으로 배포하는 고시보이다.

PSC [Passenger Service Charge] 공항 여객이용료

공항운영 당국이 항공기 탑승객으로부터 징수하는 것으로 그들이 관리하는 공항시설의 사용 또는 이용에 대해 부과하는 요금이며, PFC라고도 한다.

RNAV [Area Navigation] 지역항법

지상항행 보조시설의 유효범위 또는 자체 탑재장비의 성능계 내에서, 또는 이러한 장비들을 결합하여 어떠한 비행방향으로든지 비행이 가능하게 하는 항행 방법이다.

Taxiway 유도로

항공기의 지상행동 및 비행장 내의 한 부분과 다른 부분의 연결을 위하여 육상 비행장에 설치한 일정한 통로로서 다음을 포함한다.
① Aircraft stand taxilane(항공기 주기장 통행로): 유도로로 지정된 계류장 내의 한 부분으로서 항공기 주기장 출입목적으로만 사용한다.
② APRON Taxiway(계류장 유도로): 계류장에 위치하는 유도로 시스템의 한 부분으로서 계류장을 가로지르는 통과 지상통행로로 사용한다.
③ RAPID EXIT Taxiway(고속이탈 유도로): 착륙 항공기가 다른 유도로를 사용할 때보다 빠른 속도로 활주로를 벗어남으로써 활주로 점유시간을 최소화할 목적으로 활주로에 예각으로 연결된 유도로이다.

Threshold 착륙가능 활주로 시작점

착륙에 사용되는 활주로의 시작 부분을 말한다. 과주대가 있는 활주로의 경우 활주로와 과주대 간에 활주로 진입단을 그려 표시한다. 과주대가 없는 활주로의 경우는 활주로 말단이 활주로 진입말단이다.

VFR [Visual Flight Rules] 시계 비행규칙

첫째, 눈으로 비행할 때 준수해야 할 규칙을 말한다. 둘째, 조종사가 시각으로 지상을 관찰하면서 행하는 비행방식을 말한다. 시계 비행규칙은 운고와 시정 등을 명시하여 조종사는 이 규칙을 반드시 따라야 한다.

VOR [VHF Omini-directional Radio range] 초단파전방향 무선표지 시설

항행 중인 항공기가 목적지까지 안전하게 비행할 수 있도록 방향(방위각) 정보를 제공하는 시설이다. TVOR(TERMINAL VOR)는 공항 내에 설치되는 VOR를 말하며, 기능은 VOR 시설과 동일하다.

신문 잡지 등 기사자료

- [1등석 고객 우대와 다양한 이벤트 유치 뮌헨 공항, 서비스 세계 3위로] – 이코노미스트 2016. 5. 15.
- [과학기술이 숨쉬는 미래의 공항] – 서울경제 2016. 5. 13.
- [서비스보다 임대업에 더 몰두하는 인천국제공항] – 조선비즈 2016. 5. 7.
- [세계 최고 공항 '베스트10'… 인천국제공항은 몇 위?] – 아이티 투데이 2016. 4. 11.
- [인천국제공항 상장 가치 39조 육박… 시총 2위 한전 넘어서] – 서울경제신문 2016. 5. 23.
- [지상의 조종실을 가다] – 경향신문 2016. 5. 29.
- [탑재 관리사 – '알면 편리한 항공상식'] – 파이낸셜뉴스 2009. 2. 4.
- [직업의 세계 탐험 – '항공운항관리사'] – 대전일보 2016. 1. 12.

참고 사이트

- 경찰청블로그 폴인러브
- 공항안전환경과 – 우리나라 공항의 종류
- 국토교통부 블로그
- 네이버 자격증사전
- 네이버 직업의 세계
- 네이버캐스트 항공교통관제사
- 대통령직속 청년위원회 포털
- 두산백과 –'공항'
- 서울시여성능력개발원
- 서울코세아 지상직 본원
- 시사상식사전 –'국제공항이란'
- 워크넷
- 위키백과 –'승무원'
- 인천국제공항경찰대
- 인천사람인 직업사전(http://032.saramin.co.kr)
- 커리어넷
- 코세아 관광교육원
- 한국고용정보원
- 항공우주공학용어사전
- 항공정보포털시스템

단행본 및 간행물

- 〈공항에서 일하는 길〉 최중봉 지음. 나라디엠출판사
- 〈국민행복의 나래, 인천 국제공항 – ASQ 10연패 성공 스토리〉 한국능률협회컨설팅 편집부
- 〈한국직업사전〉 고용노동부 한국고용정보원 워크넷 2011. 12. 30.
- 〈KSP 발간물 경제발전경험 모듈화 사업 – 공항 정책 및 인프라 구축〉 김연명 외 2명 지음. KSP. 2013. 5.
- 〈제5차 공항개발 중장기 종합계획(안)〉 [2016~2020]

논문

- [항공기 탑재 관리사들의 개인 특성에 따른 Weight and Balance C.G. 결과]- 이규진 ; 이윤철 / 한국항공운항학회지, v.23, no.3, 81–87, 2015. 9.

11p
한진중공업 홈페이지
www.hanjinsc.com

12p
pixabay
https://pixabay.com/ko/controleur-aerien-%EC
%83%81-atc-%ED%95%AD%EA%B3%B5-%EA
%B5%90%ED%86%B5-%ED%86%B5%EC%
A0%9C-2243223

18p
위키피디아
https://commons.wikimedia.org/wiki/File:Incheon_
Airport_Train_Terminal,_Korea.jpg

20p
뉴스천지
http://www.newscj.com/news/articleView.html?
idxno=401874

21p
개인블로그 - 한국문화박물관
http://blog.naver.com/kimpanda425/220498880119

22, 23p
뮌헨공항홈페이지
www.munich-airport.com

24, 25p
창이국제공항홈페이지
www.changiairport.com

31, 32p
국가기록원 홈페이지
www.archives.go.kr

57p
뉴스타운
www.newstown.co.kr/news/articleView.html?idx
no=232469

58p
개인블로그- 토파스
blog.daum.net/orddoung/54

65p
시사제주
http://m.sisajeju.com/news/articleView.html?idxno
=207447

68p
플리커
https://www.flickr.com/photos/cbpphotos/8468
732156

71p
개인블로그
http://blog.naver.com/skadhr5/70147192295

76p
관세청 블로그
http://emptydream.tistory.com/3189

84p
질병관리본부 블로그
http://blog.naver.com/PostView.nhn?blogId=travelhe
alth&logNo=220868495993&categoryNo=0&parentC
ategoryNo=0&viewDate=&currentPage=1&postListTo
pCurrentPage=1&from=postView

85, 88p
연합뉴스
http://www.yonhapnews.co.kr/bulletin/2016/07/21/0
200000000AKR20160721181500004.HTML

85p
인천일보
http://www.incheonilbo.com/?mod=news&act=articl
eView&idxno=534204

89p
뉴스1

90, 91p
경찰청공식 블로그
http://polinlove.tistory.com/7581

95p
한국항공교통 관제사협회
www.katca.or.kr

97p
한국공항공사
www.airport.co.kr

103p
pixabay
https://pixabay.com/ko/%EB%B9%84%ED%96%
89%EA%B8%B0-%ED%95%AD%EA%B3%B5%EC%
82%AC-%EA%B3%B5%ED%95%AD-%ED%94%8C%
EB%9D%BC%EC%9D%B4-%EC%83%81%EC%97%
85-%EC%88%98%EC%86%A1-%EC%97%AC%ED%

96%89-%EB%B9%84%ED%96%89-%ED%95%AD%
EA%B3%B5-352726

105p
한국공항 홈페이지
www.kas.co.kr

아시아나에어포트 홈페이지
www.asianaairport.com

107p
코리아데일리뉴스
www.koreadaily.com/news/read.asp?art_id=173
6803

108p
개인블로그
http://blog.naver.com/PostView.nhn?blogId=rits&log
No=31621303&parentCategoryNo=&categoryNo=2&v
iewDate=&isShowPopularPosts=true&from=search

111p
cargofacts
http://cargofacts.com/a-new-ceo-for-cargolux-
and-more

115p
pixabay
https://pixabay.com/ko/%EB%AA%A8%ED%98%95-
%EB%B9%84%ED%96%89%EA%B8%B0-
%EB%B9%84%ED%96%89%EA%B8%B0-miniatur-
wunderland-%ED%95%A8%EB%B6%80%EB%A5%B
4%ED%81%AC-1566822/

119p
채널A뉴스
http://news.ichannela.com/view.php?id=News_
View_Print|3|20130808222346|56923637|2

121p
대한항공

122p
티스토리
http://tre12.tistory.com/category/%ED%95%AD%EA%
B3%B5%EC%9A%B4%ED%95%AD%EA%B4%80%EB
%A6%AC%EC%82%AC

126p
아시아나항공 종합통제센터
http://web.kma.go.kr/notify/focus/list.jsp?mode=
view&num=751

131, 132p
한국공항공사
www.airport.co.kr

134, 135p
인천국제공항공사
www.airport.kr

137p
국토교통부
머니투데이 DB

10대를 위한

직장의 세계 ③ 공항

초판 1쇄 발행 2018년 7월 25일
       2쇄 발행 2019년 1월 25일

저   자 | 스토리텔링연구소
발 행 인 | 신재석
발 행 처 | (주)삼양미디어
등록번호 | 제10-2285호
주   소 | 서울시 마포구 양화로 6길 9-28
전   화 | 02-335-3030
팩   스 | 02-335-2070
홈페이지 | www.samyangM.com
I S B N | 978-89-5897-357-7(44370)
        978-89-5897-355-3(44370)(6권 세트)